Memorias
—— de un ——
Coyote

MEMORIAS
— DE UN —
COYOTE

FRANK M. BARBA

LitPrime Solutions
21250 Hawthorne Blvd
Suite 500, Torrance, CA 90503
www.litprime.com
Phone: 1 (209) 788-3500

© 2021 Frank M. Barba. All rights reserved.

No part of this book may be reproduced, stored in a retrieval system, or transmitted by any means without the written permission of the author.

Published by LitPrime Solutions   06/24/2021

ISBN: 978-1-954886-59-9(sc)
ISBN: 978-1-954886-60-5(e)

Library of Congress Control Number: 2021913615

Any people depicted in stock imagery provided by iStock are models, and such images are being used for illustrative purposes only.

Certain stock imagery © iStock.

Because of the dynamic nature of the Internet, any web addresses or links contained in this book may have changed since publication and may no longer be valid. The views expressed in this work are solely those of the author and do not necessarily reflect the views of the publisher, and the publisher hereby disclaims any responsibility for them.

Javier Torres, un joven de 29 años, sale de su casa en la ciudad de El Centro California, abre la puerta de su viejo pick up y avienta su "lonche" sobre el asiento. Se encuentra molesto, porque acaba de tener otra discusión con su esposa Kathy, porque ella esta terca en trabajar, ya que están pasando por una mala situación económica. El cómo típico mexicano se opone, porque cree que el deber de las mujeres es atender su hogar y cuidar de sus hijos. Luego, cuando trato de prenderlo, este hizo ruidos que indicaban que la batería estaba completamente "muerta" – ¡solo esto me faltaba!, grito enojado. Después de intentar varias veces de encenderlo, se da por vencido y corre a decirle a su esposa, que lo lleve a donde está su tráiler. Cuando sube al carro, ve con coraje que trae prendida la luz del "check engine" pero no dice nada, ya que no hay dinero para llevarlo al taller – "no cabe duda que, al perro más flaco, se le suben más las pulgas", se dijo a sí mismo. Cuando llegaron al truck stop, donde estaciona su troque cada que regresa de viaje, le pide a Kathy que se espere, ya que no le sorprendería que con la suerte que trae últimamente, este tampoco prenda. Al oír el motor arrancar, deja escapar un suspiro de alivio y le hace señas para que se vaya. Luego, prende el radio para oír música, pero al oír que están tocando la canción de 500 balazos, lo apaga enojado – ¡que 500 balazos ni que la "chingada"! Horas más tarde, llega a San Diego a entregar su carga y cuando le dicen que ya está vacío, le habla a Frank su despachador, con el que siempre discutía, porque a veces le daba cargas que no pagaban mucho. Él le hace saber, que va a levantar algo que va para Washington, pero que iba a estar lista hasta el día siguiente. Eso significaba, que tenía que pasar la noche ahí y no le agradó la idea, pero sabe que son gajes del oficio y resignado, le dice que está bien. Más tarde, estaba platicando con su esposa – ¿cuándo regresas?, le pregunto ella – no sé, ahorita lo que quiero es que me mantengan ocupado, ya que después de diciembre, se pone despacio y no tenemos dinero ahorrado. Kathy enfadada, cambia de plática y le dice que el niño quiere saludarlo –¡pásamelo!, dijo el bien sonriente. Pero cuando le empieza a decir, todo lo que quiere para navidad, su sonrisa desaparece y le dice que le pase a su mamá. Ella le dice que es grosero y le reclama, por la forma que le corto – ¡hey!, ¿tienes idea lo que cuesta todo lo que está pidiendo?, Kathy aprovecha el momento, para volverle a insistir en que la deje trabajar. Cuando oye eso, Javier pone fin a la conversación, diciéndole que estaba muy cansado. Momentos después, estaba recordando cuando años atrás, levantaba las personas que alguien "brincaba", de Mexicali a Calexico y el las llevaba a donde los guardaban. Al pagarle, lo hacían con puros retratos de Benjamín Franklin, como les decía a los billetes de cien dólares. También vino a su mente, cuando llegaba a la barra a celebrar y Norma, la dueña del lugar se ponía bien contenta y decía: ¡uy, ya llego el de los billetes de cien! haciendo que los que estaban ahí, voltearan a verlo. Luego se llevaba a las chicas más guapas a su mesa, para que lo acompañaran. A pesar de estar dormido, sonríe cuando se acuerda de la vez que le reclamo a Norma, que por qué al acabarse el billete, lo dejaban solo – ¡pues sácales otro!, le grito ella. Javier haciéndose el ofendido, metió la mano a la bolsa de su pantalón, saco un fajo de puros de "esos" y lo puso en la mesa – ¿con esto basta o quieres más? A la señora se le salieron los ojos al ver tanto dinero y tronándoles los dedos a las muchachas, les ordena que se regresen con él y lo atiendan como se merece. De pronto, unos "toquidos" en la ventana interrumpen su sueño y sale del dormitorio enojado. Al ver que es una guapa joven, sabe muy bien que es una prostituta, que anda buscando clientes –¿qué quieres?, le pregunta molesto. Ella lo mira provocativamente y le pregunta que si quiere compañía – ¡no, aquí traigo a mi esposa conmigo! Al escuchar eso, se aleja rápidamente y desaparece en la oscuridad, mientras él se vuelve acostar a risa y risa, al ver que esa mentira nunca le fallaba. Momentos después, siguió recordando cuando ganaba mucho dinero "moviendo" ilegales. Algo que dejo de hacer, cuando su novia y ahora esposa quedo embarazada, ya que no quería estar en la cárcel cuando su hijo naciera. En ese instante, el recuerdo de su difunta madre llega a su mente y aprovecha para suplicarle que lo ayude – échame una mano "jefita", porque como ya te habrás dado cuenta, me está yendo muy mal. De pronto, quiso salir corriendo, al ver que el camarote se empieza a iluminar y su mamá se le aparece, pero se calma cuando se acuerda que estaba soñando. Ella, después de mirarlo por varios segundos, le dice que sabe perfectamente por lo que está pasando y que estaba ahí para ayudarlo – te voy a dar dos consejos que harán cambiar tu situación totalmente. El primero, es que cuando te levantes cada mañana, te persignes con la mano izquierda, con una vez que lo hagas será suficiente. Todos creen que entre más se persignen, más bien les va a ir, eso es totalmente falso – ¿has visto como los boxeadores, lo hacen varias veces, antes de cada pelea y de todas maneras los noquean?, lo mismo les pasa a los futbolistas, quienes por más que se persignen aun así, pierden el juego. Dios tiene cosas más importantes que hacer como para decir: "los del equipo de las Chivas, se persignaron más que los del América y por eso voy hacer que ganen ellos" – ¡hazme el favor! tu vive tu vida, se humilde y ayuda a tu prójimo. Cuando te llegue el momento de rendirle cuentas al señor, no lo vas a impresionar con decirle que ibas a misa tres veces por semana y todo el tiempo te la pasabas en la iglesia "dándote golpes de pecho". Dios simplemente va a sacar tu archivo y te dirá ahí mismo, si vas al cielo o al infierno. Javier la escucha sin decir nada, ya que no puede creer que sea verdad, que ella este ahí con él. El otro consejo, es que cuando mires un penny tirado lo recojas – ¡así como lo oyes! le dijo, al ver la cara que puso. En ese instante, Javier reacciona – oiga "jefa", ¿por qué mejor no me da los números ganadores, de la súper lotto y así no tendré que andar levantando nada? le pregunto, poniendo cara de angelito – veo que nunca se te quito lo payaso y la mera verdad, creo que si te hubieras dedicado a comediante, tal vez tu situación fuera otra. Le contesta su mamá sumamente molesta – y deja de quejarte, porque esas monedas las vas a encontrar tiradas por todos lados, ¿te imaginas si te dijera que tienes que encontrar "daimes" o las mentadas "coras"? ¿entonces si tendrías problemas verdad? Javier le insiste en que todo sería más fácil, si lo ayudara a ganarse la lotería, pero ella lo ignora y continúa hablando – cuándo ya tengas lo que ahora te hace falta, recibirás varias advertencias que espero sepas interpretar, de otra manera volverás a quedar igual, o peor de lo que estas ahora. Después de platicar por un rato más, su mamá le pide que se hinque para darle la bendición, porque ya se tiene que retirar. Al terminar, se le queda viendo con cara de niño regañado y le dice que si puede preguntarle algo – ¡claro!, ¿qué es lo que quieres saber? – allá donde tu estas, ¿hay mujeres y vino? Su mamá sacude la cabeza enojada y después de mirar al cielo para pedir ayuda se aleja. Al ver que la imagen de su madre se desvanece y el camarote vuelve a quedar a oscuras, se pone de pie y prende la luz. Desconcertado, mira a su alrededor y se rasca la cabeza, preguntándose si lo que paso, fue su imaginación. Luego se deja caer en la cama y se pone a platicar con ella, como si aún estuviera ahí – ay "jefa", ahora si te "saliste" – ya me veo levantando pennys en la calle. De pronto sintió ganas de orinar y sale del troque, después de asegurarse que no lo vea nadie, se mete entre la cabina y la traila. Cuando termina, algo le llama la atención, algo que apenas alcanzaba a mirar con la luz de la luna – ¡no manches!, grito el, al ver que era la moneda, que le dijo su mamá que tenía que levantar. Después de mirarla por varios segundos y casi desaparecerla de una patada, decide dejarla donde está. Más tarde, al ver que se le espanto el sueño, va y se sienta en el asiento del pasajero y como no queriendo voltea mirar hacia donde estaba el penny. En ese instante volvió a escuchar la voz de su madre – ¡hey!, ¿lo vas a levantar o me vas a tirar a loca? Al oír el tono de voz con que le habla, salió del troque apurado y después de recogerlo, levanta su mano hacia al cielo, para enseñárselo y le pregunta en voz alta, que si ya está contenta. De pronto, aparece un señor caminando a su perro y al verlo hablando solo, apresura el paso y se lleva arrastrando al pobre animal, sin dejar de voltear para atrás. Javier se da cuenta, que estaba haciendo el ridículo y se vuelve a meter al troque y antes de acostarse, guarda el penny mientras reía, pensando en el "dineral" que iba a recibir de ahí en adelante. Cuando apenas se estaba acomodando, oye que otra vez, alguien toca su puerta fuertemente – ¡más vale que no sea otra "piruja"!, dijo enojado y se levantó para ver quién era. Su coraje se transformó en sorpresa, cuando mira a varios jóvenes, rogándole que baje la ventana. Al verlos nerviosos y sucios, se da cuenta de lo que se trata – el cerco que divide la ciudad de Tijuana con San Diego, está a una cuadra de distancia – "esta gente se acaba de brincar", concluyo él. Cuando uno de ellos, le enseña cinco billetes de cien dólares y le grita que son suyos si los saca de ahí, se da cuenta que estaba en lo cierto y le arrebata el dinero y les dice que suban. Apenas había recorrido un par de millas, cuando se encuentra con varias patrullas de la Border Patrol, que iban en sentido opuesto a toda velocidad – ¡en la madre, van sobre ustedes!, grito Javier, ¡unos minutos más y los hubieran agarrado! Él guía siguió hablando en su nex – tel, sin hacerle caso, ya que estaba hablando con alguien, para avisarles que ya habían "brincado". Luego se soltó diciendo malas palabras – ¡pinche cochinero!, dijo mirando con coraje a su radio, ¡hasta ahorita agarro señal, si hubiera servido antes, me hubiera ahorrado 500 dólares! Minutos después, se encuentran en un lugar oscuro, esperando que vengan por ellos. De pronto, aparece un carro en la oscuridad y para a corta distancia de donde estaban y apaga y prende las luces – ¡vámonos, ya vinieron por nosotros!, grito el muchacho y salieron del troque corriendo. Al ir de regreso hacia el lugar donde estaba, sacaba el dinero que le pagaron y lo veía una y otra vez, ya que se le hacía difícil creer que hubiera ganado esa cantidad, en tan corto tiempo. Luego se pregunta si su mamá tuvo que ver con eso, o fue pura casualidad. Lo que haya sido, de lo contento que estaba beso los billetes y mirando al cielo, le dio las gracias. Tiempo después, cuando se mete al camarote para descansar, mira que lo dejaron con pisadas con lodo y en vez de enojarse sonríe, ya que piensa que valió la pena. Al día siguiente, lo primero que hizo fue persignarse como lo hacía todas las mañanas, pero al acordarse de que tenía que hacerlo con la izquierda, cambia de mano rápidamente. Más tarde, llega a un "truck stop" que estaba cerca de donde paso la noche, para darse un baño. Al ir caminando hacia la entrada, se encontró otro penny y sin pensarla dos veces, lo recoge. Cuando lo cargaron, se apuró para salir de San Diego, ya que quería cruzar Los Ángeles antes que se congestionaran las carreteras. Al estar esperando la luz verde para dar vuelta, mira en el espejo del lado del pasajero, que un alguien estaba tratando de metérsele por el lado derecho – ¡ahorita vas a ver wey!, dijo él enojado y le dio para adelante, para cerrarle el paso. Cuando la luz se puso verde, le vuelve a acelerar con más ganas, forzando al del carro a subirse a la banqueta, para salvarse de ser aplastado. Javier soltó una tremenda carcajada, al ver que el del carro estaba arriba del zacate, esperando que los demás le dieran "chanza" de bajar a la calle. Minutos después, sabe que va a ver "bronca, al ver que el sujeto viene tras de él a toda velocidad. Y no se equivocó, ya que cuando lo alcanzo empezó a pitarle una y otra vez, haciéndole señas para que se haga a un lado. Pero Javier no era de las personas, que se intimidan fácilmente y le "avienta el dedo" como respuesta. Al ver que seguía terco y no dejaba de insultarlo, decide poner fin a la disputa y aminora la velocidad, hasta parar completamente. Luego sale del troque de un brinco y empieza a caminar hacia el carro del joven, decidido a darle una lección. Grande fue su sorpresa, al ver que cojeaba al caminar y como él no era ventajoso, le dijo que se calmara. Pero al ver que le empieza a tirar golpes como perro rabioso, se pone en guardia para defenderse. Luego, le sorprende ver que baja las manos y se le queda viendo por varios segundos, para después preguntarle que si se llamaba Javier Torres y que si vivía en El Centro California. Javier se le queda viendo asombrado y luego le pregunta que como lo sabía – ¡soy Alberto Álvarez!, ¿no te acuerdas de mí?, dijo el emocionado – ¡no manches! ¿a poco eres el coyote cojo? ¡Alberto pinche Javier, Alberto!, contesto él enojado. Después de recuperarse de la sorpresa, se abrazan llenos de alegría –¡de verdad que con la cabeza rasurada, pareces otra persona! – de eso se trata mi "Javi", acuérdate que hay que despistar al enemigo. Más tarde, se ponen a recordar tiempos pasados –lo último que supe de ti, es que te agarraron con 28 "pollos" que llevabas en un motor home – ¿cómo que 28?, ¡fueron 34, no le quites ni le pongas! Dijo Alberto ofendido, haciéndolo reír al ver que no tiene vergüenza – nos pegó duro la "migra", me "chingaron" a mí, al "chilo", al "pecas" y a Silvestre. Javier sonríe al escuchar ese nombre – ¡ese "cabron" sí que estaba loco!, no cualquiera cruza los "pollos" por el desierto de noche y con las luces del carro apagadas. Me acuerdo cuando le pregunte, que como le hacía para mirar y me dijo que se guiaba con la luz de la luna. Después le pregunta a Javier que si no lo había visto – ¡para nada!, tengo mucho que no voy para Mexicali y créeme, que es lo primero que voy hacer en cuanto pueda –¡qué buena "onda"! dijo Alberto y continúa con la plática – los únicos que escaparon fueron tú y el "nano", pero el "cabron" en cuanto se "enfrió" el asunto, volvió a las andadas y empezó a cruzar chinos. Estaba haciendo la mera feria, hasta que un día, cuando traía uno escondido en su pick up y el emigrante ya le había dicho que se podía ir, el chino empezó a gritar de dolor, porque le había pegado un calambre –¡valiendo "madre"! dijo Javier –¡así como lo oyes "mi loco". Luego le comenta que le dieron tres años y a los pocos meses, cayo a la cárcel donde estaba el –¿tres años por un chino? –¡así es!, es que pasar orientales está bien penado. Después Javier le platica, que cuando supo que los habían agarrado, huyo para Mexicali y allá se quedó un buen tiempo – hiciste bien, a mí me dieron cuatro años y cuando salí, decidí probar suerte aquí en San Diego –me las vi duras un tiempo, pero me conecte con las personas indicadas y me empezó a ir súper bien – ¡ya veo!, dijo el mirándolo de arriba abajo. Su ropa de marca, la esclava de oro y el flamante carro convertible que traía, lo dicen todo. Luego Alberto lo invita a desayunar – aquí cerca hay un buen restaurante, deja el "semais" aquí y yo te traigo de regreso. Al ver que Javier mira su reloj, le reclama molesto – ¿me vas a despreciar?, ¿casi cinco años sin vernos y lo estás pensando? Al ver que no iba a dejar de insistir y que le importo poco, el decirle que tenía el tiempo medido, para entregar la carga que traía, acepto muy a fuerzas. En el camino al restaurant, Alberto tuvo que disminuir la velocidad, atrás de otro tráiler –¡"pinches" troqueros como estorban!, grito enojado y al acordarse que Javier venía a su lado, sabe que "metió la pata" y le sonríe como tonto. De pronto, un niño de unos diez años de edad, parar su bicicleta a un lado de ellos y se queda "lelo", mirando el poderoso automóvil – ¡que "padre" está tu carro! – ¡gracias!, dijo Alberto, esponjándose como pavo real y le aconseja que vaya a la escuela y estudie mucho, para que cuando sea grande pueda tener uno igualito, ¿QUEEE?, dijo el chavito ofendido, ¿qué te pasa?, cuando yo sea grande este carro va a ser un "yonque", ¡yo voy a querer uno de entonces! Al oír eso, volteo a ver a Javier, quien se soltó riendo a carcajadas, porque el "mocoso" casi le dijo pendejo. Cuando llegaron, paran en donde se estacionan la gente con incapacidades, luego saca el letrero que le permite estacionarse ahí y cerrándole un ojo a Javier, lo cuelga del espejo. Al encontrarse con el guardia de seguridad, le señala su pierna y le dice que es veterano de guerra y que fue herido en Irak. El señor se cuadra y le agradece el haber servido a la Patria, haciendo que Javier casi explote de risa. Cuando ya estaban en su mesa, le pregunta porque le mintió al señor, ya que se lastimo cuando casi lo agarra la "migra", pasando ilegales y tuvo que regresarse a Mexicali y al brincar el cerco, cayó mal y se la quebró – ¡tú no la hagas "de tos"! dijo el molesto. Cuando estaban mirando el menú, nota que Javier esta "checando" la página donde estaban los "steaks" con camarones y se lo arrebata y después de encontrar donde están los platillos más baratos, se lo devuelve – ¡hey, yo traigo dinero para pedir lo que yo quiera!, ¿ok? Le grito Javier –¡JAJAJA, estoy jugando, tú ordena lo que se te antoje! Más tarde, siguieron acordándose de sus anécdotas –¡era una cadenita!, dijo Javier, tú me dabas los "pollos" a mí, después de brincarlos y yo los llevaba a donde los guardaban para que alguien más los entregara a sus familiares. Me acuerdo la vez que me trajiste cinco y al ver que no cabíamos todos en el carro, tuve que echar uno en la cajuela. Cuando llegue a donde los "guardaban", de lo apurado que andaba, baje a todos, menos al de la cajuela.

Más tarde, cuando estaba echando gasolina en una seven –eleven, que empieza a gritar que lo sacara de ahí y que me devuelvo en "madriza" a dejarlo – "estábamos locos y nos valía "madre" todo, ¿verdad?, dijo Alberto limpiándose las lágrimas de tanto reírse – ¡claro!, necesitabas estarlo para hacer eso. Después le comenta, que nunca se imaginó volver a verlo y menos manejando una "madre" de esas, refiriéndose al tráiler que traía – oye mi "Javi", ¿nunca se te quito lo bronco verdad?, de "volada" querías tirar golpes, cuando te me quise meter. Javier le explica que un "semais", tiene que "abrirse" para dar vuelta a la derecha y que le "caía de a madre", cuando la gente quiere meterse a la fuerza – ¿y a poco si me hubieras golpeado? – la mera verdad, al darme cuenta de tu "problema", te iba a ignorar, pero tu actitud me saco de "onda" y ya te iba a sentar de un "putazo" –no lo dudo mendigo, le dijo Alberto. Luego le pregunta, que cómo le está yendo en la vida, el dejo escapar un suspiro y le contesta que nada bien – desde que me case, me ha ido de la "chingada", a veces creo que ese fue mi error. No me puedo acostumbrar a que me paguen el viernes y para el martes, otra vez andar sin dinero. Después le platica de su hijo Daniel y de su esposa – ¿me estás hablando de la "morra" del ejido que parecía "gringa", con la que andabas en ese tiempo? –¡así es!, le dijo Javier. También le platica que la familia de ella no lo quieren, porque un día llego borracho a visitarla y se agarró a golpes con el hermano – para acabarla de "chingar", el wey agarro trabajo en la Border Patrol. Javier se arrepintió de haberle dicho eso, al ver cómo le brillaron los ojos – mmm, ¿así que tu cuñado es emigrante?, que interesante –¿Qué te parece, si cambiemos de tema?, dijo Javier molesto –¡ok, ok! Dijo el y continuo hablando – ¿y ella sabía que eras "pollero"? – ¡claro que no!, se dio cuenta cuando estaba embarazada y tuvo que aguantarse. En ese momento, llega la mesera y les pregunta que si necesitan algo más y cuando le dijeron que no, les deja la cuenta y se retira. Después de asegurarse que nadie lo escuche, le dice a Javier en voz baja, que él puede cambiar su situación y el, fingiendo estar interesado, le dice que se vaya al grano advirtiéndole, que si se trata de mover drogas "no le entra" – ¡que drogas ni que nada!, lo mismo que antes mi "Javi" – ¡puro mover "pollos"!, ¿cómo la vez desde ahí? – ¡puro ayudar al prójimo, a lograr el sueño americano! Cuando oye eso, se acordó de lo que le dijo su mamá la noche anterior – "tienes que ayudar a tu prójimo". Al ver que se quedó "ido", le pregunta que qué si se siente bien – ¡claro!, contesto y le pide que siga – ¿sabes qué al tráiler que traes, le cabe mucha gente? Cuando oyó eso, se levanta de repente y mirando su reloj, le dice que se tiene que retirar, porque ya va bien tarde. Alberto enfadado, saca un billete de cinco dólares y lo deja en la mesa como propina y después, saca otro de cien para pagar la cuenta – me acuerdo la vez que te pagaron tres mil dólares, en puros billetes de a cinco – ¡se pasaron de lanza! dijo Javier, me tomo casi una hora, para contar el dinero. Momentos más tarde, cuando estaban haciendo "cola" para pagar, oyen en una televisión que está en la pared, que el tiempo para cruzar de Tijuana a San Ysidro, es de tres horas – ¿tres horas?, ¡eso vale pura madre!, ¡por donde yo cruzo la gente, solo duro quince minutos! dijo en voz alta, haciendo que las personas que estaban a su alrededor, se le queden viendo con la boca abierta. Al estar pagando, le pregunta a la cajera que de donde es, ella muy sonriente le dice que para que quiere saber – es que tengo una tía que está igual de bigotona que tú y quisiera saber si eres del pueblo de donde es ella. La joven al oír eso, deja de sonreír y le da su cambio, mirándolo con odio. Momentos después, estaban a risa y risa, celebrando como niños – ¡cómo eres "gacho"!, yo creí que te iba a aventar el cambio en la cara – ¡hey, yo solo le dije la verdad! Cuando llegaron a donde estaba el tráiler, Alberto se le queda viendo a un joven soldado, que estaba al cruzar la calle y caminaba igual que él. Creyendo que fue herido en la guerra, decide hacerle la misma broma que les hace a todos – ¡IRAK, 2003, PISE UNA MINA! le grita y empieza a caminar para que lo mire – ¡YO UNA MIERDA DE PERRO, AHÍ EN LA BANQUETA! – ¡no manches!, dijo el avergonzado, al darse cuenta que solo arrastraba el pie, para limpiar la suela de su zapato. Javier no pudo resistir más y se dejó caer en el pasto, para revolcarse de la risa – ¡eso te pasa por andar mintiéndole a la gente! Cuando se pusieron en paz, le vuelve a insistir, para que se lleve unos cuantos "pollitos" en su camión – ahorita mismo me los traen y me los dejas en Los Ángeles de pasada. Enfadado le dice que no y que aunque quisiera "trabajar" con él, iba a estar difícil, ya que él no vivía en San Diego – mira "mi loco", yo también tengo contactos en el área donde tú vives. Si te animas, levantas la gente allá y una vez que hayas cruzado el retén, las bajas donde tú quieras – ¡se oye bien!, dice Javier mientras prende su camión para que se baje, ya que estaba parado en los escalones. Al ver que sigue ahí, agarrándose de la ventana, terco en tratar de convencerlo, metió cambio y el troque se empezó a mover. Luego le recuerda, que la Navidad estaba a la vuelta de la esquina y que estaba pagando mil dólares por persona. Eso que dijo, lo hace frenar de repente – ¿cuánto dijiste? – ¡mil dólares por cada uno!, le repitió Alberto, ¡y para ti, puros retratos del Benjamín Franklin! ¡WOW!, dijo Javier sorprendido, ya que antes le pagaban cuatro cientos y se le hacía mucho dinero. Cuando se recupera de la sorpresa, le asegura que lo va a pensar y le pide el número de su celular. Alberto rápidamente anota el de su celular y el de su nex – tel, en un pedazo de papel y se lo pone en la bolsa de la camisa – ojalá y te animes, porque a diario me están cruzando gente, oh, también preguntale a tu cuñado, que si se quiere ganar una "lana" extra – mejor te lo presento y le preguntas tú, ¿qué te parece?, dijo Javier enojado –¡calmado mi "Javi", estoy bromeando!, dijo él y suelta tremenda carcajada. Más tarde Javier estaba a risa y risa, pensando en todo lo que se divirtió ese día, luego saca el papel con los números que le dio Alberto y pensó arrojarlo por la ventana, pero por X razón, decidió guardarlos. Días más tarde, estaba en su casa jugando con su hijo, cuando mira a Kathy llegar bien contenta, porque le dieron trabajo en una oficina. Tal como ella lo esperaba, Javier empezó a gritar lleno de coraje, haciendo que el niño corriera a su cuarto. Luego se puso a ver la televisión y le subió el volumen al máximo, para no escucharla. Ella llenándose de valor, fue a sentarse a su lado y le recuerda que ya les llego el pago de la casa –¿sabes qué? creo que ya es hora de empezar a buscar un apartamento y que la casa que "chinge" a su madre, dijo el furioso. Momentos después, estaba tomándose unas cervezas en una barra cercana, pensando en que las discusiones que tenía con Kathy, eran más frecuentes y estaba convencido qué tenía que hacer algo. De pronto, la persona que estaba sentado a un lado de él, se levanta para retirarse y al echarse su cambio a la bolsa, se le cayeron varias monedas. Cuando las estaba recogiendo, Javier le señala una, que rodo a sus pies y al ver que era un penny, el señor hace un gesto despectivo y se va. El la levanta y se le queda viendo pensativo, en ese instante vino a su mente, la plática que tuvo con su mamá, el dinero que le pagaron los que se brincaron el cerco en San Diego y el encuentro con Alberto. Luego, al acordarse que el diariamente cruza la revisión y nunca lo molestan, fue a sentarse en lo más apartado del lugar, para hablarle a Alberto. Cuando le contesta, se va directo al grano y le dice que está listo para "trabajar" y entre más pronto mejor – ¡es todo "mi loco"! ahorita mismo le digo a alguien que te llame – ¡no le digas mi verdadero nombre!, le advirtió Javier, dile que me diga primo y yo también le diré así. Minutos más tarde, estaba hablando con el que iba ser su cómplice y cuando se pusieron acuerdo, quedaron de verse en el "truck stop" que estaba en la carretera 111. A Javier le gusto ese lugar, porque atrás había un terreno enorme y casi siempre estaba solo. Esa noche fue muy pesada para él, ya que no pudo dormir y se levantó varias veces, para ver si ya había amanecido. Cuando por fin salió el sol, se dio un baño con agua fría para reanimarse. Luego fue a la cocina a prepararse un café y le sorprendió ver a Kathy haciéndole desayuno, ya que siempre que reñían, se tenía que cocinar solo. Cuando le sirvió, Javier hizo el plato a un lado – ¿te sientes bien?, le pregunto ella al ver eso. Él le dice que no y tapándose la boca, corre al baño a vomitar. Javier sabía bien que era por lo nervioso que andaba y no era para menos, ya que estaba consciente, de que estaba arriesgando a perder su libertad y su familia si lo agarraban. En ese instante, su radio empezó a sonar y al ver que era el primo, le dice que le iba a hablar en unos minutos y le cuelga. En el camino a donde estaba su camión, se persigna con la mano izquierda y después para en una Circle K, para buscar el penny. Él sonríe al ver uno tirado, en cuanto abrió la puerta y se acuerda, lo que le dijo su mamá – "esas monedas, las vas a encontrar tiradas por todos lados". Al llegar a donde quedo de encontrarse con el primo, le llama la atención un a carro, con varias personas adentro – ¡de seguro es é!, pensó al ver que el que está al volante, volteaba para todos lados nerviosamente y para cerciorarse, le marca – ¿es usted el que está "parqueado", donde echan aire a las llantas? Cuando le dice que sí, le pide que le de unos minutos, para ir a "checar" atrás – ¿cuántos me voy a llevar? – ¡son seis "monos"! – ¡no "chingue"! ¿dónde voy a meter a tanto "cabron", yo solo pensaba llevarme tres debajo de la cama! Pero al acordarse, de que el tiempo que le iban a dar de cárcel, era el mismo por seis que por tres, decidió "rifársela". Javier se fue hasta atrás y al ver que era muy difícil que lo miraran desde el truck stop, le habla al primo. Luego casi le da un ataque, cuando mira que para a su lado, levantando tremenda nube de polvo y después de bajar las personas, se retira haciendo lo mismo – ¡no haga eso, con una "chingada", va hacer que todos volteen para acá! le dijo lleno de coraje por el radio. Después se desespera, al ver que al querer subirse todos al mismo tiempo, lo único que hacen es quedarse atorados en la puerta – ¡calmados, uno por uno! De pronto, el primo le marca y le pregunta que por donde se va ir –¡pues aquí está la 111, dele por ahí a ver qué pasa! Momentos después, se molesta al mirar las cortinas del camarote cerradas y les grita que las abran, ya que si los "migras" ven eso, van a pensar que alguien más viene con él. Cuando faltaba poco para llegar, les grita que se suban a la cama de arriba y que se persignen con la mano izquierda. Segundos más tarde, voltea para ver cómo se escondieron y se quiere morir, al ver que les valió "madre" y no le hicieron caso – ¡no "manchen", escóndanse bien, desde aquí les miro los "patas" a alguien! – ¡y qué quieres, somos muchos!, dijo uno de ellos enojado. De pronto, el carro que iba enfrente de él freno de repente, y luego da la vuelta en U y se aleja a toda velocidad. Javier tuvo que frenar también, para evitar pegarle por atrás, eso causo que todos se vinieran de boca y cayeran rodando a su lado – ¡"me lleva", regrésense a donde estaban! Al ver que al regresarse al camarote, vuelven a quedar como antes, les advierte que "se los va a llevar la chingada a todos" – ¡yo voy a parar a la cárcel y a ustedes los van a regresar a México! Segundos después, escucha un "pujadero", seguido de un absoluto silencio. Cuando mira otra vez, se queda sorprendido al ver que desaparecieron, como por arte de magia – ¡no que no se acomodaban "cabrones"! Al llegar al retén, le extraña ver que solo había dos agentes, ya que todo el tiempo había varios. Uno de ellos estaba arriba de la patrulla, hablando en el radio a gritos y el otro, haciéndole señas para que se hiciera a un lado – ¡esto ya valió madre! dijo Javier, creyendo que lo hicieron a un lado para revisarlo. Cuando el oficial llega con él, le pregunta que si le gustaría ser un oficial de emigración por un rato. Al ver la cara que puso, le explica que van a perseguir al carro que se devolvió – ¡lo único que tienes que hacer, es darles el paso a todos los que lleguen! Luego, sin decir nada más corre a subirse a la patrulla, para ir a corretear al que se dio a la fuga. Él no puede creer lo que le está sucediendo y solo reacciona, cuando mira llegar a una joven pareja y frotándose las manos, fue a recibirlos – ¡que dales el paso, ni que "madres"! se dijo así mismo y al llegar con ellos, les pidió sus papeles. El joven que venía manejando, después de mirarlo de arriba abajo con desconfianza, le da las "micas" de él y de su esposa – ¿de dónde vienen? – de Mexicali, contesto el – ¿dónde radican? – en Indio California. Después levanta las tarjetas hacia arriba, para buscar el sello que solo se mira con la luz del sol y al ver que son buenas, se las regresa. Al asomarse adentro del auto, ve un niño dormido en el asiento de atrás – es nuestro hijo y es ciudadano americano, dice la mujer y estira la mano para darle el acta de nacimiento. Él iba a seguir haciéndoles más preguntas, pero al ver llegar otro carro con varias personas, les dice que se pueden ir – a estos les voy a pedir hasta las tarjetas de las vacunas, dijo Javier todo excitado. Pero al ver que eran gringos, les dio el pase y al estarse retirando, alcanzo a oír a uno de ellos preguntar, porque no andaba uniformado, ni traía pistola. De pronto, cree que sus ojos lo engañan al ver llegar al primo, ya que creía que ya había pasado el retén –¡esto se va a poner muy interesante!, dijo Javier y actuando como que nunca lo había visto en su vida, le pidió sus documentos. El no hizo nada, solo veía a Javier y luego al tráiler sin saber que estaba pasando. Cuando el primo por fin se recupera de la sorpresa, le pregunta tartamudeando qué estaba haciendo – ¡aquí el que hace las preguntas soy yo!, contesto Javier y le vuelve a pedir sus papeles. Al ver que la cosa es en serio, saca su "mica" y se la da con mano temblorosa. Después, haciendo un gran esfuerzo para no soltarse riendo a carcajadas, le pide que abra la cajuela y cuando la "reviso", le devuelve su "mica" y le dice que se vaya. Al ver que seguía sin decir ni hacer nada, Javier le repite que se retire y al estarse alejando, miro que a cada rato volteaba para atrás. Minutos después, sabe que la diversión se acabó, al ver que se aproxima una patrulla de la "migra" y empieza a darle el pase a todos. Cuando los agentes llegan con él, les pregunta que sí lograron detener el carro – ¡así es!, dijo uno de ellos, iba lleno de ilegales – el tonto que los traía, creyó que el retén estaba cerrado. En ese instante, se acordó de la gente que estaba en su camión y les dijo que se tenía que retirar. Ellos le agradecen su ayuda y le preguntan que si es ciudadano americano. Cuando responde que sí, le dicen que están reclutando gente y lo invitan a que aplique –¡gracias, la voy a pensar!, dijo Javier y preocupado se dirigió hacia su tráiler, creyendo que las personas que traía iban a estar asustadas. Grande fue su sorpresa, al encontrarlos comiéndose su "lonche" y mirando una revista de mujeres desnudas que traía. Al estar saliendo del lugar, les pita a los "migras" para despedirse y ellos responden y le dicen adiós con la mano. Luego, al pasar a un lado de la troca de los rayos X, se persigna y dice "cruz, cruz, que se vaya el diablo y que venga Jesús". Tiempo después, le marca el primo y se enoja al ver que traía el radio apagado – ¡no "chingues", porque no contesta este wey!, se pregunta preocupado. En eso, se acuerda de la broma que le hizo en el retén, momentos antes y se da cuenta de que andaba asustado. Para acabarla de "amolar", la gente le pregunta preocupada, que si faltaba mucho para que los bajara. Los minutos pasaban y al ver que seguía sin hablarle, se empezó a poner nervioso – ¡márqueme, necesito que me diga dónde lo voy a ver! Luego le habla al "coyote cojo", pero cuando él tampoco responde, estuvo a punto de dejar ir la gente, pero se calma al pensar en el dinero que iba a perder. En ese momento suena su radio y al ver que era Alberto, deja escapar un suspiro de alivio – me hablaron para decirme lo que paso y aún no puedo creer que sea verdad, le dijo el muy serio ¿cómo está eso, de que estabas pidiendo documentos en la revisión? Al estarle explicando se "encabrona", cuando se da cuenta que el cree que le está mintiendo – mira wey, a mí me vale madre si me crees o no, nada más te advierto que si ese pendejo no se reporta pronto, los bajo donde me dé la gana y tú me tienes que pagar por ellos, porque yo ya cumplí con pasarlos. Alberto, al ver lo furioso que estaba, pensó que era mejor "bajarle de wevos" – ¡wow!, ¿o sea que pusieron al lobo a cuidar el rebaño de ovejas? – con decirte que, hasta me ofrecieron trabajo, ¿cómo la ves? –¡no "chingues"! con razón aquel "cabron", anda todo "paniqueado". Ya oigo a mis amigos, cuando les platique lo que te paso –¡"ni madre, eso no es posible, te está echando mentiras"! Luego Javier le pregunta, que si la gente que agarraron era de el – ¡para nada!, este "bisne" da para todos, ya que todo el mundo se quiere venir a este País. Después le dice, que si están los mismos emigrantes cuando vuelva a pasar, de seguro no lo iban a molestar – ¡cómo va a estar "cabron"! dijo Javier, recordándole que ellos nunca están en el mismo lugar y además, seguido les cambian de turno –¡y ya cortale y hablale a aquel wey, porque ya voy tarde! – ¡ahorita mismo hago eso, mi Javi y a ver cuándo nos juntamos, para tomarnos unas cervezas! – ¡cuando quieras! le dijo, fingiendo que le agrado la idea, porque a la mejor ya lo estaban investigando y lo último que deseaba, era ser visto con él. Cuando por fin le habla el primo, le dice que está en un casino de Coachella y por la forma de hablar, nota que aún sigue asustado – ¡salgase de ahí, en ese lugar hay cámaras por todos lados! Poco más tarde, cuando llegan al truck stop de los "talibanes, al ver que paro a un lado del Star Bucks, empieza a mandárselos uno por uno y cuando el primo subió al carro a la última persona, fue para que le pagara. Minutos después, iba bien contento contando el dinero que se ganó – ¡wow, que fácil fue esto, ya "me anda" para hacerlo otra vez! Al día siguiente, se miran en el mismo lugar y cuando sube a todos, le dice al primo que se vaya por la carretera 86, porque por ahí, no fallaba tanto el nex –tel y que cuando se "arranque", no vaya hacer polvareda, como el día anterior – ¡ok primo!, dijo el todo excitado. Más tarde, estaba bien contento, tarareando una canción mientras hace fila, atrás de un camión de pasajeros. Cuando ve lo que mandan a segunda revisión, le llama la atención que varios "migras" se fueron tras del y a él ni caso le hicieron. Al estarse retirando, se fija que dos agentes se suben a pedir documentos, mientras que los otros abren los compartimientos de las maletas, para sacarlas de ahí y empezar a registrarlas –mmm, ok ok, dijo el mirando la hora en su reloj. Al otro día, estaba esperando al autobús en el pueblo de Westmorland y al verlo venir, lo siguió para llegar juntos a la revisión. El creía que con hacer eso, iba a cruzar igual de fácil, como el día anterior. Pero desafortunadamente no fue así, ya que cuando llego con el "migra", se dio cuenta que este andaba de mal humor, ya que cuando lo saludo, lo ignora y le pide una identificación. Algo que lo sorprendió mucho, ya que nunca le pedían nada. Luego sube por el lado del pasajero y después de mirar hacia el interior del camarote, le pregunta que era lo que llevaba en la traila –¡latas de chiles!, contesto sin inmutarse –¿quieres decir que si abro la traila, no voy a encontrar drogas ni ilegales? –¡ábrela si quieres! dijo el, bien tranquilo. Al ver que tratar de amedrentarlo no funciono, le dice que se podía retirar y le regresa su identificación. A Javier le tembló la mano al agarrarla, pero el "migra" no se dio cuenta de eso, porque se distrajo viendo la fila de carros, que se estaba formando detrás de su "semais" – ¡fiuu! dijo el, al estarse alejando pasándose la mano por la frente, que bueno que no me toco este "cabron", ayer que me traje los "pollos" en el dormitorio. Al otro día, cuando ya traía la gente con él, le dice que otra vez se van a ir por la carretera 86 –¡está bien!, dijo él y luego le pregunta, que si van a seguir al autobús otra vez –¡ni madre!, todavía no me recupero, del susto que me pegaron ayer, por andar haciendo esa tontería. Cuando llego a la inspección, se asusta al ver que el emigrante, baja al chofer del troque que está enfrente y se sube a registrarlo. Al ver que lo dejaron ir y después de encomendarse a Dios le da para adelante, temiendo que también le hicieran lo mismo. Pero cuando le hacen señas para que no pare, se tranquiliza y acelera para alejarse de ahí. Al ver en sus espejos que el retén desaparece en la distancia, no pudo evitar pegar un grito de puro gusto. Después de darle las personas al primo y entregar su carga, fue a la yarda a echar combustible. Cuando llega, se encuentra con un compañero que tenía tiempo que no veía – ¿qué onda Jose, como te ha ido con la demanda que le pusiste a la conpania? –¡pues va pa' largo!, mientras tanto aquí me traen, moviendo trailas y haciéndole al loco en la oficina. De pronto, al notar que su amigo está dándole vueltas a la palanca que baja las patas de la traila usando su mano derecha, le pregunta que si esa no es la mano que se lastimo –¡no "manches"! grito su amigo todo asustado y rápidamente cambia de mano, volteando para todos lados, para asegurarse que nadie más lo hubiera visto. Luego le pregunta, que si lo va acusar con el jefe –¡cómo crees!, dijo el riéndose y se retira a poner diésel. Cuando termina, le habla a Frank, para que le diga a donde ir a cargar. El se quiere morir de coraje, cuando le hace saber, que iba a llevar una carga a Sacramento, ya que eso significaba que no iba a poder traer "pollos" al otro día. Minutos más tarde, estaba con Frank insistiéndole que le diera carga para El Centro, pero él le repite que tiene que ir a donde le dijo. De pronto se le ocurre una idea, al ver que agarra sus cigarros y el encendedor y sale a fumar. Javier se fue tras del apurado y cuando llega a donde estaba prendiendo su cigarro, le pregunta que de cuáles fuma –¡marlboros rojos!, contesto el viéndolo con desconfianza. Al ver que lo estaba poniendo nervioso, le habla sin rodeos – mira Frank, te voy hacer un trato que te va a gustar, cuando oye eso, le fuma más rápido a su cigarro, para regresarse a su oficina – ¡calmado venado! dijo Javier, poniéndole la mano en el hombro – si tú me mantienes en el área de donde vivo, para Los Angeles, cada semana te traigo un cartón de cigarros, ¿qué te parece? Frank se le queda viendo y le pregunta, que porque no quiere ir al norte – lo que pasa, es que no me gusta manejar en la neblina, además ya no tarda en empezar a nevar en las montañas y tú sabes que cuando eso pasa, te quedas "atorado" hasta que limpian las carreteras – es más, si tú me haces ese favor, también te traigo una botella de tequila. El se quedó pensativo por varios segundos y cuando reacciona, le dice que va a ver qué puede hacer – ¡"este arroz ya se coció"!, dijo Javier frotándose las manos, ya que el precio de los cigarros, estaban muy altos y como fumaba "uno tras otro" no iba a despreciar su oferta. Tal como lo esperaba, Frank le cancelo la carga que le había dado y le asigno otra que iba para donde quería. Un par de horas después, cuando iba pasando por la ciudad de Indio, le marca al primo, para preguntarle que cuantos "monos" le tenía para mañana – hasta ahorita "nomas" seis, pero en la noche me van a traer más. Sintiéndose bien "chingon", le dice que se va a llevar a todos los que le traigan – ¡ya está!, dice el primo, admirado ante tanto valor. Al otro día, casi se ahoga, con la mordida que le dio a su burrito, cuando le dijo que le tenía once personas – ¡ni modo, me los tengo que llevar, para que se me quite lo fanfarrón. Lo que lo puso a pensar, fue que como eran muchos, no se los podía llevar en el camarote. Pero al acordarse que a donde iba, nunca se fijaban si la traila traía sello o no, ya que la carga eran pacas de cartón para reciclar, decidió llevárselos ahí. Antes de meterlos, les dice que se persignen con la izquierda y que se fueran hasta enfrente y sonríe, al ver la cara que ponen cuando les dijo eso. Al llegar a la inspección, él emigrante abre la puerta de y le hace las preguntas de siempre

—que si era ciudadano, que para donde iba y blah blah. De pronto, oye un ruido adentro de la traila y sabe bien que todo valió madre, para su buena suerte, él agente no escucho nada y le dijo que se podía ir. Momentos después, le habla al primo enojado para contarle lo que paso – ¡ahorita mismo investigo eso!, le dijo el. Minutos más tarde, le dijo que a alguien se le cayó él celular, desde arriba de las pacas de cartón – ¡me lleva, esas son "chingaderas"! dijo Javier. Cuando los estaba bajando, se les queda viendo preguntándose, quien sería el imbécil que cometió semejante estupidez. En ese momento, uno de ellos se le acerca y le reclama, porque su celular se quedó en la traila. Javier se tuvo que contener, para no darle un "madrazo" y con la pura mirada, le dijo que se le quitara de enfrente. Cuando iba manejando para entregar su carga, se preguntaba que cómo era posible, que el "migra" no hubiera oído el ruido que el oyó claramente. Después de eso que le paso, quedo plenamente convencido, de que en realidad su mamá si lo estaba cuidando. Esa tarde, estaba contando su dinero bien contento y se le hacía difícil creer, que ya tenía más de veinte mil dólares. Pero su alegría se volvió preocupación, al acordarse de que si lo agarraban, se lo iban a quitar con todo y troque. Ponerlo en el banco sería una tontería, porque Kathy se iba a enterar y le iba a hacer muchas preguntas. En ese instante, se acordó de la enorme caja de herramienta que tiene en él "garage" y decidió esconderlo ahí, ya que la única llave para abrirla, la tenía él.

MEMORIAS DE UN COYOTE

Un día, cuando se reportó con Frank, para decirle que ya había cargado, le dice que tiene que pasar por la yarda, porque él jefe quería hablar con él – ¿y eso?, le pregunta Javier nervioso, creyendo que ya sospechaban algo – ¡tú dale para acá! Cuando llega a donde trabaja, le llama la atención una larga fila de troques, que estaban enfrente de la oficina y lleno de curiosidad fue a checarlos. Lo primero que noto al abrir la puerta, fue que los asientos aún estaban cubiertos con plástico, lo que indicaba que acababa de llegar de la fábrica. En ese instante, se acuerda que lo están esperando y empieza a caminar hacia su oficina, sin dejar de voltear hacia atras una y otra vez, para mirar los hermosos camiones. Poco después, estaba enfrente de su despachador y el dueño de la compañía, quienes después de saludarlo, le piden que se siente. Javier se le queda viendo a Frank, sin saber de qué se trata y él le cierra un ojo y le sonríe, como para decirle que no había nada de qué preocuparse. Luego su jefe comienza a decirle, que estaba muy contento de tenerlo en su compañía y lo felicita por ser un chofer responsable, con el que todo el tiempo podían contar – Frank me ha dicho que eres una persona muy trabajadora y honrada, al oír esa palabra, no pudo evitar toser nerviosamente – ¡wow! "lo que hacen un cartón de cigarros y una botella de tequila", pensó Javier, ya que antes de eso, Frank y el discutían todo el tiempo. Poco después, al ver que él discurso iba para largo, bosteza de adrede y les dice que estaba muy cansado y que todavía tenía que manejar para su casa. El señor decide acortar la plática, cuando oye eso y le explica que el motivo de pedirle que viniera, era para informarle a todos sus choferes, que acaba de firmar un contrato con una importante compañía de Yuma Arizona, para traer su producto para Los Angeles, comenzando el año entrante. Javier quiso decir algo, pero él no lo dejo – eso no es todo, ¿miraste los troques que están afuera? – ¡claro, están bien bonitos! – ¡son parte del paquete! continuo el señor. Los que acepten, tendrán que comprarlos, mi compañía se los va a financiar y será de ustedes en cuatro años, cabe mencionar que ganaran más del doble de lo que están ganando como choferes, ¿qué me respondes? El no supo que contestar, ante tanta belleza, ya que la explicación para cubrir sus ilícitas entradas de dinero, le acaba de caer del cielo – ¡te están hablando!, le grita Frank, al ver que no estaba poniendo atención. Después de disculparse, contesta que acepta y pregunta que cuánto tiempo iba a durar el proceso – los permisos deben llegar en cualquier día, contesto Frank. Luego él jefe le dice, que vaya a escoger el troque que más le guste, mientras el prepara el contrato que tiene que firmar. Momentos después, sale de la oficina casi corriendo, con el despachador detrás de él y lo primero que hizo cuando subió, fue irse derechito al camarote. Al ver lo grande que estaba la cama, la levanta y piensa que ahí puede meter hasta cuatro "pollos" y tal vez cinco, si están flacos. En ese instante, se acuerda que Frank está atrás de él y sonriendo como tonto le dice "qué cama tan grande", ¿verdad? Después va y prende el radio y le sube todo él volumen, haciendo que Frank se tape los oídos – ¡cómo me gustaría llevármelo a casa hoy mismo!, grito Javier emocionado. Frank le dice que tenga paciencia, ya que en cuanto lleguen los permisos, se lo podrá llevar cuando quiera. Cuando va de regreso a casa, le habla al primo para contarle lo sucedido – ¿entonces ya no va a llevar gente, hasta que le den el troque nuevo?, le pregunta preocupado – ¿qué le pasa?, ¡usted téngame los "pollos" listos en la mañana! Luego le llama a Kathy, para avisarle que como va a llegar tarde, se va a dormir en el troque, porque no quiere llegar despertando a nadie. Ella le dice que está bien y cuando le iba a colgar, no se pudo aguantar y le platica lo del camión nuevo – voy a ganar mucho dinero, para que se te quite la idea de querer trabajar – ¡wow!, ya era tiempo que nos cambiara la suerte, dijo bien contenta. Al otro día, se encuentra hablando con su cómplice – ¿listo primo?, le pregunta Javier – ¡listo, hay le voy con cinco "monos"! – ¡es todo, dele para el mismo lugar!, ¿trae el mismo carro? – ¡negativo, ahora traigo una Expedition café! Mas tarde, cuando ya trae la gente con él, les pide que se persignen con la mano izquierda – ¿y eso para qué?, pregunta uno de ellos. Javier le dice que eso les dará buena suerte y luego les avienta una cobija encima –¡esta cobija es mágica y los va hacer invisibles – ¡no sea payaso!, dijo otro y la hace a un lado – ¡oh pues!, ¿qué paso con ese sentido del humor?, dijo Javier riéndose. Tiempo después, se encuentra haciendo 'cola' otra vez y al estar acercándose al retén, alcanza a ver que están pasando a un tráiler por rayos X. También mira que tienen al chofer sentado en una banca, con un par de agentes cuidándolo –¡pobre "cabron", a la mejor le encontraron algo, se dijo a si mismo preocupado. El lo toma con calma, ya que sabe bien que eso no quiere decir, que también le vayan a hacer lo mismo. Luego mira que se empieza a formar una larga fila y eso le da gusto, porque sabe que eso les pondrá presión y empezaran a darle el pase a todos. Minutos después, les grita que todo había salido bien y que uno de ellos, se venga para enfrente para platicar. Cuando menos pensó, ya tenía sentado a alguien a su lado, con una sonrisa de oreja a oreja. Pero al ver que el muchacho se parecía al indio Tizoc, le dice que se regrese al camarote. Javier se sintió mal por lo que hizo, pero no quiso correr riesgos, ya que sabía bien que si se encontrara una patrulla de la "migra" en la carretera y miraran al joven, era casi seguro que lo iban a parar. Cuando le dio la gente al primo, se retira bien contento a entregar su carga, con otros cinco mil dólares en su bolsa. Días después, otra vez traía el dormitorio cargado de "pollos" y como de costumbre, les pide que se persignen con la mano izquierda – ¡es para que nos vaya bien!, les dijo al ver que se le quedan viendo como si estuviera loco. Cuando llega a la inspección, creyó que le iban a decir que no parara, pero esta vez no fue así, ya que le dijeron que se hiciera a un lado – ¿hay algún problema oficial? - ¡para nada!, lo que pasa es que estamos teniendo problemas con uno de los perros y vamos a esconder algo en tu troque, para ver si lo encuentra. Javier se encoje de hombros para hacerlo creer que "le vale madre" y va y se estaciona donde le dijeron – ¡"se nos acaba de caer la casa"! dijo el, creyendo que todo estaba perdido – pues no que con persignarnos como dijiste, estos "putos" no nos iban hacer nada, le reclama alguien enojado. Uno de ellos le ruega que abra la puerta, para salir corriendo –¡eso es una tontería!, grito Javier, recordándoles que estaban en medio del desierto y no llegarían muy lejos. De pronto, siente que su corazón se le quiere salir del pecho, al ver venir a un emigrante, con una bolsa de plástico en la mano y les grita que se callen. Luego se relaja un poco, al ver que la escondió en medio de las llantas traseras del camión y les hace señas a sus compañeros, para que traigan al perro. El animal sale arrastrando al emigrante que lo trae y al terminar de olfatear el tráiler, se sienta exactamente donde ocultaron la bolsita. Como premio por el buen trabajo que hizo, le avientan su juguete de trapo y el can se vuelve loco jugando con él. Segundos después, le dicen que se puede retirar, en el preciso momento que suena su radio –¡qué onda! ¿ya cruzo? le pregunta el primo a gritos. Javier volteo a ver la reacción del "migra, que aún estaba a su lado y se calma al ver que no hace nada y empieza a caminar hacia la oficina. Después sale de ahí rápidamente, antes que se les ofrezca otro favor a esos "cabrones". Cuando se siente seguro, de que el peligro había pasado, les da la buena noticia y ellos arman tremendo alboroto. Luego prende su radio y le habla al primo, para explicarle lo que le acaba de pasar en la inspección –¡no la "chingue!, ¿otra vez?, la mera verdad, ya me está dando miedo "trabajar" con usted, dijo el preocupado. Después de recibir su dinero, le dice que no le esté a llame y llame, ya que cuando le hablo, el emigrante aún estaba a su lado – de aquí en adelante, espere hasta que yo le marque y le pregunte que como hacen los pollitos, esa será la contraseña, ¿ok? –¡me parece bien primo! y yo le contestare que hacen "pio pio". Javier soltó tremenda carcajada, ya que a pesar que se le hizo ridículo lo que le dijo, pensó que eso era mejor que nada. En la tarde del día siguiente, después de haber hecho otra "feria", iba bien contento contando su dinero, cuando de pronto su radio empezó a sonar – ¡nada más para decirle que ya tengo seis y que de seguro, para él lunes habrá más – ¡es todo, guárdemelos!, dijo Javier y le colgó. Apenas habían pasado unos minutos, su radio empezó a sonar de nuevo – ¡como "chinga"! dijo enojado, creyendo que era el primo otra vez. Su enojo se desvaneció al oír la voz de Kathy – ¿qué onda "güera", todo bien?, le pregunta nervioso, ya que no sabía porque le estaba llamando – te hablo para acordarte, que mañana es la boda de Sandra en San Diego, ya compré su regalo y también un cambio para nosotros – ¡chin, ya se me había olvidado!, dejame llegar a casa y nos pondremos de acuerdo. Esa noche, después de asegurarse de que estuviera dormida, sale de la habitación sigilosamente y le llama al primo. Cuando le contesta, se da cuenta que estaba bien borracho – ¿qué pasa primo, ¿dónde anda? le pregunto en voz baja – ¡hable más recio, porque casi no lo oigo! – ¡pues bájele a la música, con una "chingada"! Después de apagar el radio, le pregunta que si todo estaba bien – ¡todo al cien!, "nomas" le hablo para decirle que siempre si vamos a "trabajar" mañana – ¿pues no que usted no hace nada los fines de semana? - ¡después le explico!, téngame listos tres "monos" flacos. Él primo confundido, le pregunta que va hacer con los otros – ¡déjelos para él lunes! contesto Javier. Al otro día, al ver que Kathy estaba bañando al niño, le dice que va a ir a echarle gasolina al carro – ¡me parece bien!, cuando regreses pita y saldremos. Más tarde, se encuentra con él primo en un lugar solitario Al ver que bajan de su carro tres personas, se da cuenta que uno está muy gordo y se lo regresa, explicándole que si se lo llevaba, se iba abajar mucho él carro de atrás. Tiempo después, estaba enfrente de su casa, pitándoles y trata de calmar sus nervios, al verla salir con el niño de la mano. Antes de que le diga que abra la cajuela, sale del carro y le arrebata la maleta, para ponerla en el asiento de atrás. Después le da las llaves para que ella maneje, diciéndole que está "asqueado" de tanto manejar. Momentos más tarde, trata de acordarse si ya se había persignado ese día y al no estar seguro, lo hace otra vez – ¿y eso?, le pregunta Kathy asombrada – ¡olvídalo!, dijo Javier, haciendo que ella se le quede viendo, moviendo la cabeza de un lado a otro. Cuando llegaron al retén, el emigrante solo les pregunta que si eran ciudadanos y cuando le dicen que sí, los dejan ir –¡uf!, cómo no les van a pasar ilegales y drogas, si ni siquiera revisan los carros, dijo Kathy enojada – ¡tienes razón, son unos pendejos!, dijo él mirándola de reojo. En ese momento, que se dio cuenta de la estupidez que acababa de hacer ya que, si les hubieran dicho que abrieran la cajuela, hubieran hallado a las personas que venían ahí. Más tarde, llegan a un centro comercial, a buscar un restaurant para comer. Cuando encuentran uno, ella y el niño salen del carro, mientras Javier va a buscar donde estacionarse –¡a mi pídeme una ensalada de pollo!, le grito el, quien al decir esa palabra, no pudo evitar sonreír. Kathy se le queda viendo fijamente y le pregunta que de que se ríe – ¡no me hagas caso!, contesto y se retira a toda prisa, dejándola pensativa. Después de asegurarse que entre al restaurant, se dirige atrás de un Home Depot y luego le marca al primo – ¿cómo hacen los "pollitos", primo? – ¡pio pio! dijo el, haciendo que Javier soltara una carcajada. Después le pregunta, que donde anda – ¡aquí vengo detrás de usted, en un carro verde!, él checa él espejo retrovisor y sonríe, al ver que efectivamente venía siguiéndolo – ¡no se me despegue, nada más déjeme encontrar el lugar adecuado! De pronto se hizo a un lado –¡aquí mero "se va hacer la machaca"! dijo el, parando repentinamente y cuando el primo llega y para a su lado, sale corriendo y abre la cajuela, sin importarle que ahí estuvieran unos "chavos", jugando con sus patinetas. Antes de retirarse, se da cuenta que los "morros" lo están viendo con la boca abierta y pelando tamaños ojotes – ¡QUE MIRAN CABRONES!, les grita y ríe al verlos correr despavoridos. Poco más tarde, cuando estaba disfrutando su ensalada, mira un penny tirado debajo de la mesa que estaba a su lado y fue a recogerlo, sin importarle que la gente se le queden viendo – ¿qué te hallaste?, le pregunto ella llena curiosidad. Cuando le enseña la moneda de un centavo, se pone furiosa – ¿qué te pasa?, primero te persignas con la mano izquierda, cuando tú lo hacías con la derecha ¿y ahora estas levantando pennys?, ¡qué vergüenza! Él le explica que unos días antes, al estar pagando por un café, lo hicieron cambiar un billete de cinco dólares, porque le falto una "pinche" moneda de esas – es por eso, que cuando veo una tirada, lo levanto ¿y qué tiene de malo que me persigne con la izquierda, tienes algún problema con eso?, Kathy iba a decirle algo, pero se queda callada, porque no quería empezar a discutir. Cuando salieron del lugar, miro a una patrulla dando vueltas en el estacionamiento y parecía estar buscando a alguien – ¡"en la madre", esos "morros" le hablaron a la policía!, pensó él. Cuando ya estaban en el carro, Javier le dice que se apure, porque todavía les faltaba para llegar, al motel donde se iban a quedar. Al día siguiente, iban de regreso todo desvelados, pero bien contentos, platicando de lo mucho que se divirtieron en la boda. Más tarde, paran en una área de descanso, porque Danny quería usar el baño y aprovecha eso, para recordarle al primo que le iba a llamar en la mañana – ¡no "problem", estamos pendientes! – ¡ay perro, no sabía que hablaba inglés! dice Javier bromeando. Al otro día, después que volvió a pasar gente, le marca para que le diga la contraseña – ¡los pollitos hacen pio pio primo!, contesto él y se sueltan riendo. Cuando el primo le estaba pagando, le comenta que estaba sorprendido, del buen trabajo que hizo su "vieja", cuando paso los "pollos" en la cajuela – ¡olvídese de eso, ella no tenía la menor idea que traía esas personas! y espero que no le haya dicho a nadie –¡cálmese primo, eso nunca va a pasar!, dijo el asustado. En la madrugada del día siguiente, Javier se empieza a impacientar, al ver que él primo se estaba tardando. En eso, se acuerda que cada que abría las puertas, las luces se prendían, iluminando él interior de la cabina. Eso le preocupaba, ya que cuando subía la gente, corría el riesgo que los miraran y decidió hacer algo al respecto. Después de cubrirlas con "tape" negro, abrió su puerta otra vez y al ver que quedo oscuro, sonrió satisfecho. En ese instante, aparece el primo y sin decir nada, baja la gente y así de rápido como llego se retira, ya que sabe bien que por lo pronto, ahí termino su tarea. Pero cuando trato de prender el camión, se quiso morir cuando este no hace ningún ruido - ¡no manches, no se para que apague este "mugrero"! grito enojado. Después de tratar otra vez, se convence que es inútil y le marca al primo, para que pare y se espere, ya que a la mejor va a tener que regresarse por ellos. De pronto, se le ocurre prender las luces de enfrente y al ver que si encienden, se da cuenta que es el arrancador. Poco más tarde, saca un martillo y se mete abajo y le da unos leves golpes. Luego corre a prenderlo otra vez y cuando oye el motor arrancar, voltea hacia el cielo agradecido. Cuando llega a la revisión, le extraña ver que estaba sola y pensó en seguir su camino, pero mejor se espera, ya que no quería que lo fueran a corretear. De pronto se asusta, al ver salir a un emigrante a toda prisa, deteniéndose los pantalones con las manos. Cuando llega con él, le pregunta que si es ciudadano americano y sin esperar a que le conteste, se regresa a la oficina – ¡chin, esto tampoco me lo van a creer!, dijo Javier y salio de ahí a toda prisa. Después le habla al primo, para preguntarle cómo le fue, ya que él había pasado primero – ¡estaba cerrada primo! – ¡que cerrada ni que "madres"! dijo Javier enojado y le cuenta lo que le paso – ¿estaría en el baño? – ¡eso pensé yo también! – pero lo bueno es que pasamos y lo demás "que nos valga madre" ¿qué no?, ¡afírmele primo! Después de darle los "pollos", le habla al encargado del taller de la compañía, para avisarle que trae problemas mecánicos – ¡no lo apagues y traételo!, le dijo él. Cuando llega a la yarda, para su camión enfrente del taller y se reporta con el jefe de mecánicos. Él le dice que tiene mucho trabajo y que tal vez, podrá revisarlo el día siguiente, "si bien le va". El trata de reclamarle pero el señor lo interrumpe – yo no voy decirles a mis mecánicos, que dejen de hacer lo que están haciendo, para trabajar en tu troque ¿ok?, después de decir eso, da la media vuelta y se aleja, dejándolo con la palabra en la boca. Rojo de coraje y después de contar hasta diez para calmarse, va con Frank para ver si puede hacer algo al respecto. –¿qué quieres que haga? dijo el, yo no tengo nada que ver con el taller. Luego le sugiere que agarre un cuarto y que espere, hasta a que lo arreglen – ¡qué cuarto ni que "madres"! únicamente dile a ese pendejo que le ponga un arrancador nuevo, eso lo puede hacer en menos de dos horas – ¿sabes qué?, dice Frank, rascándose la barbilla, los permisos de los troques nuevos están por llegar, quédate en el motel y si llegan mañana, mañana mismo te llevas él tuyo, ¿qué te parece? A Javier le cambio el semblante cuando oyó eso –¡me parece bien!, dijo el bien contento. Cuando estaba en su cuarto, lo primero que hizo fue a hablarle a Kathy, para explicarle lo que estaba pasando y a pesar que se moría por decirle que ya le iban a dar su camión nuevo, se aguanta y piensa darle la sorpresa, cuando llegue con él a su casa. También se reportó con el primo, a quien no le pareció nada bien, que no lo devolvieran para El Centro – ¡uy primo, yo ya le tengo varios "monos", ¿qué voy hacer con ellos? – pues usted vera si los manda con alguien más, o espera a que regrese, porque yo no me voy sin mi troque nuevo. Un poco decepcionado, le dice que se los va a guardar, ya que los demás son unos miedosos y solo quieren llevarse una o dos personas a la vez. Un par de días más tarde, se sentía como león enjaulado y desesperado pensó en hablarle a Frank, para preguntarle qué estaba pasando. En ese momento, oye que tocan y al abrir la puerta se llena de alegría al ver que era él, que había venido para llevárselo. Cuando están en su oficina, le entrega el permiso del troque, luego saca las llaves del cajón de su escritorio y se las avienta. Javier le da las gracias y le pide disculpas por él "berrinche" que hizo un par de días antes – lo que pasa es que por no haber cargado antier, me va a salir "corto" el cheque y eso hace "encabronar" a mi esposa, tú entiendes, ¿verdad? Frank siente pena por él y para hacerlo sentir mejor, le dice que no se preocupe y que él se encargara de darle los mejores viajes –tu nada más sígueme trayendo mis cigarros y mi tequila y yo me encargo de lo demás. Después de cambiar todas sus cosas, del troque viejo al nuevo, paso de adrede por enfrente del taller. Al ver al señor que le hizo pasar un mal rato, le chifla y cuando voltea, le grita que arregle el troque cuando le dé su "chingada" gana. Un par de horas más tarde, cuando le faltaba poco para llegar a donde estaciona su camión, le habla a Kathy para decirle que fuera al truck stop a recogerlo. Cuando llega, mira que ya lo estaban esperando y adrede para a un lado de su carro y suena las cornetas, dándoles tremendo susto.

Kathy voltea enojada, pero al darse cuenta que era él, puso una cara de sorpresa y se le queda viendo al troque. Momentos después, ella y el niño estaban admirados mirándolo por dentro, mientras Javier le vuelve a recordar, que de ahí en adelante va a ganar mucho dinero. Unos días antes de navidad, Frank le llama para decirle que por órdenes del dueño, la compañía iba a cerrar hasta después de año nuevo y que por tal razón, todos tenían que parar los troques – ni modo, dijo el enfadado, ya que esa noticia no le gustó para nada. El resto del día, se la paso lamentándose por él dinero que iba a dejar de ganar, porque iba a estar parado casi una semana. Después de quedarse pensativo por varios minutos, se pregunta que quien se iba a dar cuenta, si su camión se movía o no, ya que nadie iba a estar en la oficina, para monitorearlo – ¡que parar los troques ni que madres!, se dijo así mismo y en ese mismo instante le llama al primo. Al día siguiente, después de cruzar a varias personas, le dice al primo que lo espera en la AM –PM de Salton City, para dárselas. Él le pide que cuando menos se las lleve hasta Thermal –¡"no se hace", no vengo cargado y no tengo porque ir hasta allá! Esa noche, después de esconder el dinero, se fue a descansar para prepararse a recibir la navidad. Más tarde, no puede creer que "el coyote cojo", le hable para preguntarle que si se anima a echarse otro "viajecito" –¿qué te pasa wey?, ¡es navidad!, dijo enojado y al ver que no dejaba de llamar, apago el radio –¡este "cabron" no tiene llene! pensó

Javier. Al otro día, Kathy se lleva una sorpresa, al ver que Javier le regalo un hermoso automóvil y aparte de eso, le dice que la va a llevar a San Diego, para que escoja muebles para amueblar toda la casa. A su hijo Daniel, tampoco le fue mal, ya que le dieron todo lo que pidió. A pesar que pudo haber pagado en efectivo por todo lo que compro, lo hizo a crédito para no levantar sospechas. Al otro día, le vuelve a hablar al primo y le pregunta que cuantos tiene y cuando le dice que solo tenía cinco, se decepciona –¿y eso primo? – lo que pasa es que los "migras", andan bien perros, ¿se los lleva o qué onda? Él se queda pensando por unos segundos y le dice que mejor se espera, a que junte otros más. Cuando se estaba metiendo el sol, le habla otra vez y se asusta, cuando le dijo que ya tenía 16 –¡pues no que estaba muy dura la "migra"! dijo Javier –pues ya ve primo, en un descuido les metieron gol. Luego le pregunta como retándolo, que si se los va llevar a todos. Después de pensarla por unos segundos, Javier se anima, ya que se iba a ganar una buena cantidad de dinero, si todo salía bien –¡dele para "donde ya sabe" y tráigaselos todos! El primo cree que oyó mal y le pide que le repita lo que dijo – ¡me los voy a llevar a todos, dele para donde mismo! le volvió a decir el – ¡es todo!, dice el primo frotándose las manos, ya que él también iba a ganarse una buena "lana". Poco más tarde, al llegar al truck stop, se baja del camión y empieza a recorrer el "parking" con la vista, buscando un penny y cuando no se encontró ninguno, entra al negocio confiado en que ahí, si lo iba hallar. Pero después de que ahí tampoco se encontró nada, se empezó a desesperar y para acabarla de "joder", el primo empezó a llamarle sin cesar –¡ya estoy aquí!, ¿dónde está su troque? Para no perder tiempo, le dice dónde estaba para que los subiera el mismo, no sin antes advertirle que antes de meterlos a la traila, se fijara bien de que no lo fueran a ver. Los minutos pasaban y Javier comenzó a preocuparse, al ver que seguía sin encontrarse la mentada moneda. En eso se acordó que le faltaba el cuarto, donde los choferes ven televisión y se dirigió hacia allá. Fue ahí donde por fin miro uno, pero casi se acaba las uñas al tratar de recogerlo, ya que resultó ser un chicle viejo, que estaba pegado en el piso. Enfadado, decidió irse sin nada, para ver si era cierto de que lo iban a detener, si no se hallaba un penny. Antes de irse de ahí, fue al baño a echarse agua helada en la cara, para relajarse un poco. Al entrar, lo primero que mira es el "pinche" penny que hasta brillaba de lo nuevo que estaba y sin importarle que estuviera tirado a un lado de donde orinan, se lanzó sobre de él. Momentos más tarde, corre a ponerle un sello falso a la traila y saca un recibo de carga que también era falso. Eso lo hizo porque iba a decir que iba cargado, ya que cuando les decía a los "migras" que iba vacío, casi siempre lo hacían que abriera la traila. Para su buena suerte, el sello y los papeles de la carga no fueron necesarios, ya que cuando llego a la inspección, el oficial le hizo señas para que siguiera –

¡peloteros de Guaymas!, grito el de puro gusto, al ver que todo salio mejor de lo que esperaba. Más tarde, se comunica con su cómplice todo excitado, para que le diga como hacen los pollitos y cuando él dice "pio pio", ríe a carcajadas. Pero después, se da cuenta que estaba cantando victoria antes de tiempo, ya que bajar a tantos "cabrones", no iba a ser nada fácil. Poco más tarde, da vuelta en una carretera que se miraba sola y se fue, mirando para todos lados. De pronto le parece que al primo, lo venían siguiendo, ya que traía varios carros atrás de él y para salir de la duda, le habla para preguntarle. El contesto que todo estaba bien, ya que eran los que iban a ayudar a levantar la gente. Javier no puede creer lo que escucha y empezó a echar "madres" – ¿qué quiere que haga?, ¿dónde voy a meter a tantas personas en este carro? Al ver que tenía razón, Javier se tranquiliza un poco, luego le pregunta que si uso todos esos coches, para subirlos a la traila. Cuando le dice que sí, sacude la cabeza y estuvo a punto de reclamarle, pero se queda callado, ya que al fin y al cabo no lo agarraron y eso era lo que importaba. Más tarde, al ver que por donde va, está completamente solo y oscuro, aminora la velocidad para bajarlos, pero cuando "algo" le avisa que no se detenga, acelera y se aleja. Segundos después, se da cuenta que hizo bien en no haber parado, cuando mira a una patrulla del sheriff ,escondida al otro lado de la carretera. Momentos después, el primo le marca asustado y le preguntar que si miro la patrulla ¡claro que la vi! – que estará haciendo ahí, en ese lugar tan oscuro?, le pregunto a Javier –¡no me importa, yo lo único que sé, es que nos salvamos de milagro que nos agarraran! Al llegar a otro lugar y cuando estaba a punto de darle la gente, mira con coraje las luces de un carro que se aproxima y se tuvo que esperar a que pasara. Momentos después, se alejan de ahí al ver que más carros siguieron pasando –¡esto no me está gustando nada! Dijo Javier enojado, porque cuando paro ahí, no se miraba nada y de pronto empezaron a aparecer coches por todos lados, ¡se me hace que esto de traerme tanta gente, no fue buena idea. El tiempo pasaba y el seguía buscando donde bajarlos, a pesar del fuerte dolor de cabeza que traía, que le causo ver la fila de carros que detrás de él. Javier se quería morir, al ver que, cuando daba vuelta a la izquierda, ellos le daban para la izquierda, volteaba a la derecha y ellos hacían lo mismo – ¡no "chinguen", esto parece un "pinche" funeral!, grito él. Luego le habla al primo, para que les diga que no se le pegue tanto, porque podían llamar la atención. Cuando ya no pudo soportar más, pensó en arriesgarse y deshacerse de los "pollos" en donde fuera. En ese momento, se acordó de un mercadito que no estaba lejos y se dirigió hacia allá. Al llegar y ver que él lugar está lleno de gente latina, sonríe porque sabe que, aunque vieran lo que iban hacer, "no la iban hacer de tos", porque a la mejor ellos llegaron a este País de la misma forma. Momentos más tarde, para él troque en lo más oscuro y sale corriendo a abrirles la puerta. De pronto, se ve rodeado de carros y no puede creer que sean tan estúpidos, al venirse todos al mismo tiempo. Para "acabarla", se bajan haciendo tremendo escándalo, gritando como si estuvieran en una subasta comprando carros – ¡yo vengo por tres! – ¡yo por uno! De pronto, una señora se le acerca y le dice que ella viene por una "morra" fea que parece "Oaxaquita" –¡tú has de estar muy bonita!, le dijo Javier viendola con coraje, haciendo que se le quitara de enfrente y fuera a buscarla ella misma. Luego les grita "encabronado", que no sean pendejos y que apaguen las luces, porque lo estaban encandilando. En medio del caos, fue en busca del primo para que le pagara y poder irse de ahí. Al encontrarlo, casi se le echa encima cuando le dice que no trae el dinero con el – ¡usted váyase sin ningún pendiente, yo mañana le entrego su "feria"! Javier se le queda viendo sorprendido, ya que no esperaba que le dijera eso y le iba a seguir insistiendo, pero los ladridos de unos perros y él saber que él sheriff no andaba muy lejos de ahí, piensa que es mejor retirarse, no sin antes decirle, que no se le ocurriera pasarse de "lanza". Al otro día andaba "que no lo calentaba ni él sol", esperando con ansia la llamada del primo, para su sorpresa, el que le llamo fue Alberto – ¿qué "onda" mi Javi, hay algún problema? – ¡qué "onda" ni que madres!, ¿dónde está mi dinero?, eso de que me tengo que esperar, a que el primo entregue los "pollos", "como que no va", ¿qué tal si lo agarran en el camino? Cuando por fin lo deja hablar,

Alberto trata de calmarlo, diciéndole que no se preocupe, "porque todo estaba bajo control" – si lo agarraran por cualquier razón, yo me encargo de que tu recibas lo que se te debe. Luego le explica, que la razón por la que no le pago la noche anterior, fue porque él no puede andar levantando "pollos" con tanto dinero en la bolsa – acuérdate de que, él también cruza la inspección. Luego le dice, que conoce a alguien que vive por ahí y que de ahí en adelante, esa persona le llevara su dinero. Javier rechaza esa idea, ya que eso significaba que tendría que tratar con otra persona más y piensa que es mejor, dejar las cosas como están. Un par de horas después, recibe la llamada que tanto esperaba y rápidamente le contesta. Luego deja escapar un suspiro, cuando el primo le dice que trae "algo" para él y le pregunta que dónde está para llevárselo. Más tarde, se desespera al verlo salir del carro, volteando para todos lados, como en las películas de espías – ¡apúrese con una "chingada"! le grito Javier enojado. Después de subir al camión, saca de su chamarra una bolsa de papel y se la da. El se la arrebata y con manos temblorosas, empieza a contar él dinero –¡son 16 mil dólares!, le dice el primo!, quien al ver que no le hace caso, se retira. Horas más tarde, llega a su casa sin avisar y después de esconder el dinero, va en busca de su esposa y el niño. Kathy al verlo, se lanza sobre de él bien contenta y le grita a Danny que ya llego su papá. Después de darles un fuerte abrazo, le pregunta que si le gusto el carro que le trajo

"Santa Claus" – ¡me encanta!, dijo ella toda "volada" y luego le dice que mientras se baña, le va a preparar algo para que coma – ¡olvídate de eso, vamos a ir a comer a un restaurante! Ella se niega, diciéndole que ya gasto demasiado en los regalos de Navidad – ¡tienes razón!, hay que cuidar el dinero ¿verdad?, dijo Javier "jugando la parte". Más tarde, estaba en su casa viendo televisión, cuando su radio empezó a sonar y creyendo que era el primo, lo iba a apagar. Pero al ver que es Alberto, sale al patio a contestar, ya que quería decirle que, "eso" de mandar tantos carros "vale pura madre" – no importa cuántos "pollos" me traiga aquel wey, pero que lo haga en un solo carro. Al ver que el coyote cojo no dice nada, le sugiere que consiga una van, porque ahí podrán subirlos a todos, sin hacer tanto "circo" – ¡deja preguntarle para ver si le gusta la idea, porque esos vehículos llaman mucho la atención –¿o sea que todavía le vas a pedir permiso? ¡no "chingues"! ¡dile que el que va a cruzar la gente soy yo! Después de hablar por varios minutos, logro convencerlo y Alberto le asegura que hablara con él, para que busque otro vehículo. Un par de días más tarde, estaba esperando al primo otra vez y al ver que se estaba tardando, le habla para decirle que se apure – ¡ya estoy aquí primo!, prenda las luces de emergencia para ver dónde está. Cuando llega, sonríe al verlo llegar en un pick up de doble cabina y con "camper" –¡es todo primo! dijo Javier bien contento. Cuando ve que ya subieron todos, les pide que se persignen con la mano izquierda y sin esperar a ver si le hicieron o no, cierra la puerta. De pronto, oye que él primo le grita que se espere, porque falta uno más y molesto abrió la puerta de nuevo. A Javier casi se le salen los ojos, cuando ve que trae cargando a un señor gordo, que no tenía piernas – ¡ayúdeme, no sea "gacho"! Al oír eso, corre a ayudarlo y aun entre los dos, sufrieron para subirlo. Luego, el primo les grita a los demás que se lo lleven para enfrente y varios de ellos, corrieron a auxiliarlo. Pero al tratar de levantarlo y darse cuenta de lo pesado que estaba, se lo llevan arrastrando como si fuera un costal de papas. Cuando ya iba en camino, le marca al primo molesto y le pregunta, que cual era la razón de traerle esa persona – ¡su familia lo pidió! – ¡además nos van a dar una "feria" extra por él! – ¡pues ojalá y valga la pena!, porque también vamos a batallar para bajarlo. Solo espero que para la próxima, no me vaya a salir con alguien en silla de ruedas, dijo él, limpiándose el sudor de la frente. Después de pasar la inspección y que el primo le dijera la contraseña, se pusieron a platicar tonterías en el radio, para relajarse un poco. De repente, no puede evitar ponerse nervioso, al ver que una patrulla de la Border Patrol, viene detrás de ellos, a toda velocidad. Javier sabe que algo anda mal, cuando rebasa al primo y al llegar con él, baja la velocidad y se va a su lado. El hace como que no pasa nada y sigue platicando, a pesar que él primo ya había apagado su radio. Luego mira en sus espejos que la troca del primo, se hace cada vez más chiquita, hasta desaparecer por completo –¡este "cabron" va a correr! Después de irse a su lado por varios minutos, que a él se le hicieron eternos, ve con gran alivio, cuando por fin aceleran y lo dejan en paz. Javier deja pasar un buen rato, para asegurarse de que no lo estuvieran esperando más adelante y cuando ve que ya no hay peligro, le habla al primo para que le diga la contraseña otra vez. Cuando le contesta, se burla de él y le pregunta por qué apago el radio y se hizo "ojo de hormiga" – la mera verdad, me asuste cuando vi que se le emparejo la patrulla, yo pensé que lo iban a arrestar y no quería estar cerca cuando eso pasara – ¿por qué harían eso? – ¡no tengo la menor idea!, contesto Javier – ¿se le quedaban viendo primo? – ¡ya olvídese!, lo bueno es que no pasó nada. Minutos después, cuando andaba buscando un lugar para darle la gente, el primo le pregunta, que porque no los baja en donde lo hicieron la noche anterior – ¡ni que estuviera loco!, los ladridos de los "pinches" perros, me dejaron todo estresado. Anoche lo hice porque andaba cansado de andar dando vueltas y ya no aguantaba él dolor de cabeza que traía. Lo bueno fue que corrimos con suerte, porque nos arriesgamos demasiado, en ese instante, llega a una carretera y decide checarla. Cuando apenas había recorrido un par de millas, se hizo a un lado y fue a decirles que se bajen. Al oír eso, ellos salieron "disparados", olvidándose del señor que no tiene piernas. Javier les grita que se regresen por él y los mismos que lo ayudaron antes, fueron y se lo trajeron hasta la orilla de la traila y ahí lo dejaron. Al ver que él primo está a su lado, dando órdenes como sargento, levanta al señor en sus brazos y haciendo un gran esfuerzo, se lo pone en la espalda – ¡órale mi "pípila"! le grito Javier, refiriéndose al héroe de la independencia de México. Al sentir que le cayeron más de 200 libras, sin aviso alguno, empezó a caminar tambaleándose y como pudo fue subirlo al pick up, luego voltea hacia donde está Javier y lleno de coraje, "le avienta él dedo". Después de decirle que lo mira más tarde para que le pague, sube al troque y se aleja a risa y risa. Ese mismo día, cuando le estaban pagando, el primo le pregunta que si van a "trabajar" otra vez – ¡claro que sí! contesto el, a nadie le cae mal un "dinerito" extra –¡no sea presumido! dijo el primo molesto, porque sabe bien que últimamente, ha hecho bastante dinero. Al día siguiente, estaba amaneciendo cuando llego al retén y después que le dieron una vuelta a su "semais" con él perro, le dijeron que se podía ir. Cuando llegan a donde bajo las personas el día anterior, corrió a abrirles las puertas para que salgan. De pronto, se queda con la boca abierta, al ver varias chicas entre la gente y pensó que no las miro cuando subieron, porque estaba muy oscuro. Luego, como todo buen galán, sube y las ayuda a bajar, agarrándolas de la cintura. En ese instante, ve con horror cuando una gorda viene hacia él, con los brazos extendidos y caminando de puntitas como bailarina de ballet. Javier rápidamente se hace a un lado y cierra los ojos, para no ver cuando se fue de paso y cae aparatosamente a los pies del primo. Luego ella se le queda viendo coquetamente, esperando que él si la levante en sus brazos, como en las películas. Para su sorpresa, el primo no solo la ignora, si no que le grita que se pare, porque si pasa alguien y la ve ahí como vaca echada, le van a hablar a la policía y se los va a cargar la "chingada" a todos. Al oír eso, se puso de pie haciendo "pucheros" y después de sacudirse, va y se sube al pick up. Un día antes de año nuevo, cuando estaba con su hijo Daniel en un parque cercano, su radio empezó a sonar y al ver, que era el coyote cojo contesta, creyendo que le habla para desearle un feliz año. Pero cuando le dijo, que necesita que cruce a un par de personas, le dijo enojado que no piensa ir a ningún lado, ya que se va a pasar él año nuevo con su familia. Pero él sabía bien como ablandarle el corazón y le dice que se trata de una pareja de jóvenes, que fueron deportados recientemente y que querían regresarse para reunirse con sus dos pequeños hijos – este "trabajito" te tomaría unas cuatro horas, cuando mucho y para la tarde, estarás en tu casa con otra "feria" en la bolsa. Al ver que Javier está indeciso, le ofrece mil dólares más para que se anime. A él se le ilumina la cara cuando oye eso, pero le dice que mejor se los guarde para otro día, porque no quería pasarse el año nuevo en la cárcel si lo agarraban – ¡no manches!, ¿tú, que te hiciste pasar de emigrante en el retén, me estás diciendo eso? ¡a ti la "migra" te hace los mandados!, yo nunca había conocido a alguien con tanta suerte como tú! – ¡ok, ok, "bájale una rayita"! dile al primo que le voy a hablar mañana temprano – ¡es todo "pinche" Javi! Cuando iba para su casa, piensa que no le va a pasar nada malo, porque se trataba de reunir a esas personas con sus hijos. Al otro día, le dice a Kathy que a un compañero de trabajo, se le descompuso su troque y tenía que ir a traerse su traila. Al ver que se molesta, le promete que estará de regreso en unas horas, para llevarla a celebrar el año nuevo en grande. Ella le cree y sonriendo le dice que va a empezar a buscar quien cuide al niño. Más tarde, cuando el primo le trajo a la pareja, se da cuenta que huelen muy mal y siente lastima –solo Dios sabe todo lo que sufrieron, para poder brincarse el cerco. Cuando estaban llegando a la revisión, le sorprende que el primo le pregunte que como hacen los "pollitos", ya que se supone que él es quien debe hacerle esa pregunta – ¡PELATE BALTAZAR, EL RETEN ESTA CERRADO! le grito él primo al no recibir respuesta. A él, se le hizo difícil creer lo que acaba de oír, pero al llegar a la revisión y ver que era cierto, les da la buena noticia a la pareja. Javier se conmueve, al ver que se abrazan llenos de felicidad. Poco después, llega a una tienda AM, PM, que estaba llena de gente y sonríe, al ver que el primo ya lo estaba esperando. Cuando llega a donde paran los trailers, se da cuenta que aún no había pasado el peligro, ya que cuando los iba a bajar, apareció una patrulla de la "migra". Javier se tranquiliza, al ver que se retiran, después de pasarle por un lado a vuelta de rueda y recorrer el lugar. Antes de llevarle la pareja al primo, le habla para asegurarse que no se haya ido, porque temía que si el también miro la patrulla, era capaz de dejarlo solo. Luego les explica que para no llamar la atención, va a bajar a su esposa primero y luego volverá por él, pero ellos le dicen asustados que no irán a ningún lado, al menos que los baje a los dos juntos. Javier se empezó a impacientar, al ver que solo se le quedaban viendo pero al acordarse de la fama que tienen los "polleros", de que violan a las mujeres les da la razón. Minutos más tarde, el primo aprovecha el saludo de mano, para darle su dinero a Javier, quien lo regaña porque no les dio un baño y un cambio de ropa – ¡no hubo tiempo primo, se trató de puro correle y correle! Cuando ya estaba en su troque, lo primero que hizo fue bajar las ventanas, para que entrara aire fresco, ya que este olía a axilas. Un par de horas después, estaba en su casa bien contento, porque todo había salido mejor de lo que esperaba. Cuando llego la señora que les iba a cuidar al niño, sorprende a Kathy cuando le habla a un taxi – ¿y eso a que se debe?, le pregunto confundida, ya que creía que ella iba a manejar, como lo hacía todo el tiempo que salían. – ¡hoy recibiremos el año nuevo y quiero que te emborraches conmigo! ¿ok?, ella se encoge de hombros y le dice que está bien. Horas más tarde, al llegar a un elegante salón de baile, se desaniman al ver que el lugar estaba completamente lleno y no había mesas disponibles – ¡ahorita mismo resuelvo el problema!, dijo el mientras le hace señas a un mesero. Cuando llego a donde estaban, Kathy mira con curiosidad, que le dijo algo al oído al mesero y el desapareció entre la gente. Minutos más tarde, regresa y los lleva a una mesa cerca de la pista de baile. Después que Javier le pone un billete en la mano, el mesero se retira bien contento – ¡wow!, ¿me puedes decir cuánto te costó esto?, le pregunto ella con una sonrisa llena de malicia. El no dijo nada y al oír que el conjunto empezó a tocar, la jala de la mano y se la lleva a bailar. Cuando ya andaba un poco intoxicado, les empezó a mandar bebidas a los s músicos y ellos le correspondían, tocándole las canciones que les pedía, Horas más tarde, estaban tomándose un merecido descanso, ya que desde que llegaron no habian parado de bailar. En ese momento, todos lanzan un grito de alegría, cuando el lugar se ilumina totalmente y los músicos dejan de tocar, para anunciar la llegada del año nuevo. Después de repartir abrazos a con la gente que estaba a su alrededor, antes de retirarse le deja un billete de veinte dólares al mesero que los atendió toda la noche. Cuando llegan a casa, Javier camina apoyándose en ella, ya que de lo tomado que estaba, apenas podía mantenerse de pie. Al estar abriendo la puerta, Kathy mira con horror que se lleva la mano a la boca y le dice que si quiere vomitar lo haga ahí afuera, porque no quiere que le arruine sus muebles nuevos – ¡tú no te preocupes, tengo dinero para volver amueblarla otra vez!, dijo el cerrándole un ojo y Kathy enfadada, le dice que no sea payaso. En cuanto entra a la casa, se desploma pesadamente en el sofá de la sala y Kathy, después de pagarle a la señora lleva al niño a su cuarto. Momentos después, se sienta a su lado y le empieza a rascar la espalda y le dice que traía ganas de platicar. A él no le gustó nada la manera que lo mira y conociéndola, sabía bien que "algo se traía". ¿me puedes explicar, porque andabas tan esplendido con los músicos y los meseros? – ¿y cómo está eso, de que tienes dinero para comprarme muebles otra vez?, le pregunto mirándolo a los ojos –¡contestame "cabron", te estoy hablando! Al darse que había hablado demasiado, para que lo dejara en paz cerró los ojos y empezó a roncar, fingiendo estar dormido. Al otro día, ella le volvió a insistir, en que le aclarara lo que le dijo –¡no sé de qué hablas, yo ni me acuerdo de eso!, le contesto haciéndose el enojado. Ella se puso en paz cuando escucho eso, ya que en realidad andaba bien ebrio. De lo que no se escapó fue de la regañada que le puso, por andar regalando dinero como si fuera rico. Para cambiar de platica, Javier le pregunta que si estaba contenta, porque ya les está yendo mejor – ¡claro que sí!, ya estaba harta de cada mes, pensar en que si íbamos a tener para pagar la casa. Al verla tan contenta, estuvo a punto de contarle lo del sueño que tuvo, pero cambio de opinión, ya que creía que le iba a decir que eso eran tonterías. Luego le recuerda que aun viene lo mejor, porque en abril iban a empezar a mover cargas de Yuma

Arizona, para Los Angeles. Cuando llego el día de reportarse al trabajo otra vez, Frank le dijo que le tiene una carga en Calexico, para entregar en la ciudad de Fontana al día siguiente. después de darle toda la información y antes de colgar, le recuerda sus "encargos". Los días pasaron y aunque a veces le daban sus buenos sustos en la revisión, el siguió pasando gente al menos dos veces por semana. Más tarde, al llegar al lugar donde estaba su camión, mira un maltratado penny tirado y lo levanta de todas maneras, ya que su mamá nunca le dijo que solo recogiera pennys en buen estado. Luego le habla al primo, para preguntarle que cuantos "monos" tiene –¡nada más uno primo! – ¿Cómo que nada más uno? – ¡así es, fue todo lo que me trajeron! – ¡ni modo, mil dólares son mil dólares!, hay le llamo después que levante mi carga. Un par de horas más tarde, Javier llega a donde quedaron de verse y cuando se asegura que sea un lugar seguro, le marca al primo y le pregunta que en cuanto tiempo llega –¡ahí estaré en unos minutos! Para "matar" el tiempo, Javier se pone revisar las luces y cuando abre el cofre, para "chequear" el motor, se asusta al ver que un carro con todos los vidrios polarizados, para a su lado. Al ver que era el primo con una guapa chica a su lado, se tranquiliza –¡no manche, yo creí que eran los "feos"! ¿y el pick up?, le pregunto Javier –¡lo dejé en la casa! es que como "nomas" es una persona, decidí traerla en este carrito, porque la "troca" gasta mucha gasolina. Él no puede creer, que solo por ahorrarse un par de dólares, se trajo a la muchacha en ese carro, que parecía de traficante de drogas. En eso, le llama la atención ver que la chica quiere llorar – ¿qué te pasa, porque haces esos "pucheros"?, le pregunto asombrado – ¡yo no me quiero ir en el motor!, dijo ella bien asustada. El se da cuenta que al ver el troque con el cofre levantado, pensó que la iba a meter ahí – ¡no manches!, tú vas a viajar en primera clase, con calentón, buena música y toda la cosa. Luego la ayuda a subir al camión y le dice que por lo pronto se siente enfrente y después le dirá donde se esconda. Cuando estaba a punto de retirarse, le grita que lave el vidrio de enfrente, porque está bien sucio – ¡no estoy pendejo!, los traigo así de adrede, para que cuando me esté acercando a la inspección, no puedan ver para adentro del dormitorio con las cámaras –no "pos" no cabe duda, que usted piensa en todo, dijo el primo rascándose la cabeza. Cuando iban en camino, le explica como levantar la cama, porque ahí se iba esconder. Ella toda asustada, quiso meterse de una vez – ¡calmada venada, yo te diré cuando! Al ver que no dejaba de temblar, le dice que en poco más de una hora, habrán pasado él reten y luego le pide que se persigne con la mano izquierda. Después de hacer lo que le dijo, la chica se le queda viendo, asombrada de la seguridad que tenia de que la iba a cruzar. Más tarde, Javier le pregunta que de donde saco la idea, de que la iba a meter en el motor. Ella le cuenta que a un amigo, se lo llevaron ahí y llego con los codos quemados y con las suelas de los tenis derretidas. Javier mueve la cabeza de un lado a otro, preguntándose que como era posible, que existiera gente tan mala y molesto cambia de conversación –¿a dónde vas? – voy a Long Beach, a quedarme con una tía. La plática se puso tan interesante, que cuando menos pensaron, estaban llegando al retén. Al ver que no había tiempo de esconderse debajo de la cama, le grita que se meta al dormitorio. Al llegar, mira que dos agentes están platicando, a un lado de la caseta y uno de ellos, hasta se molestó y le dice que se puede ir –"ha de estar muy interesante la plática cabrones", dijo el riéndose. Cuando mira que ya paso el peligro, le grita que ya se puede venir para enfrente –¿a poco ya pasamos?, pregunto ella mientras se asoma por la ventana. En ese momento, el primo le marca para preguntarle que donde se la va a dar – ¡váyase a la Washington Street, en Mil Palmas! –¿por qué hasta allá primo?, si todo el tiempo me da la gente en cuanto pasa la revisión. Javier le explica que esta vez se trata de una sola persona y será fácil bajarla donde sea. Luego le echa mentiras, diciéndole que va a tardar un poco, porque tiene que poner diésel – ¿por qué mejor no me la trae y luego hace eso?, además usted todo el tiempo pone diésel en la yarda, dijo el primo sospechando que algo estaba tramando –¡hey, el camión es mío y yo le echo donde me de mi gana! ¿ok?, así que dele para donde le dije y no alegue! Al oír eso, el primo se da cuenta que se enojó y le dice que está bien. Al ver el problema resuelto, se concentra en la chica, quien no se da cuenta, que iban más despacio de lo que debían, porque el estaba buscando un lugar para pasar un rato con ella. Momentos después, da vuelta en una angosta y desolada calle y luego se estaciona bajo unos árboles. Cuando estaban en pleno romance, el radio de Javier empezó a sonar y el, sin dejar de besar a la joven, estira la mano y lo apaga. El tiempo paso y del interior del troque, empezaron a oírse gritos y gemidos, mientras este no paraba de moverse de un lado para el otro. Cuando todo vuelve a la calma, se viste rápidamente, mientras la "morra" le limpia la cara, ya que la traía llena de lápiz labial. Cuando llega a donde lo esperaba el primo, le dice a la muchacha que no salga, hasta que él le diga. El primo les pregunta a gritos, que porque se tardó tanto. Javier al verlo todo histérico, trata en vano de calmarlo. diciéndole que el troque le venía dando problemas y tuvo que parar varias veces a revisarlo. El primo sabe bien que le estaba mintiendo, ya que el camión es nuevo, luego se le queda viendo de arriba abajo por varios segundos y le pregunta que porque trae la camiseta al revés. Al ver que era cierto, quiso explicarle, pero no lo deja, solo le dice que ya baje a la muchacha. Javier le hace una seña a la chica y ella sale del troque y sube al carro. Él primo le dice que los familiares de la chica, tienen más de una hora que le están hable y hable. De pronto, él radio del primo suena – ¿ya llego mi sobrina?, pregunta una señora preocupada – ¡me la acaban de traer sana y salva!, dijo el mirando a Javier con coraje.

Después de pagarle, le dice que luego le habla, de pronto la chica le grita que, si le da su número para hablarle después – ¡claro que sí!, dijo él y le pide una pluma al primo –¡váyase a la "chingada"! le grito él y pisa el acelerador hasta el fondo, alejándose de ahí "quemando llanta". Javier se encoge de hombros y empieza a caminar hacia su camión, contando su dinero. Un par de días después, está llegando al mismo "truck "stop", donde levantaba la gente todo el tiempo. Al pasar por un lado de las bombas de diésel, se da cuenta que un compañero estaba poniendo combustible. Para su mala suerte, él también lo miro y le hace señas, para llamar su atención. Al verse descubierto, no le queda otra más que ir saludarlo, ya que teme que si no lo hace, lo siga y eso no era bueno, porque el primo ya venía en camino – ¡"qué milagro!", dice Javier, fingiendo estar contento de verlo, mientras miraba nervioso hacia la entrada del lugar – ¡aquí "nomas", alistándome para ir a Fresno!, ¿y tú? – no pues yo voy a pasar la noche allá atrás, le dice señalándole donde se iba a quedar – ¿y eso?, le pregunta su amigo sorprendido. Javier le miente, diciéndole que está enojado con su señora y que cuando eso pasaba lo mandaba a dormir en el troque – ¡no "chingues"!, dijo su amigo preocupado. Yo no lo haría si fuera tú, dicen que allá levantan drogas y "pollos" – ¿de veras?, dijo Javier llevándose la mano a la boca, pues qué bien qué me lo dices, creo que es mejor que me vaya para la casa y le pida perdón a la "leona". Cuando estaba saliendo del lugar, mira llegar

MEMORIAS DE UN COYOTE | 63

al primo y él se le quedo viendo fijamente, como preguntándole que para donde va –¡sígame, "aquí ya no se va hacer"!, le dijo Javier en el radio. Momentos más tarde, va manejando con el primo detrás de él, pensando en lo que le acaba de pasar –¡en la madre!, si no me hubiera encontrado a ese "coleguita", hubiera seguido levantando los "pollos" en ese lugar, donde todos sabían que ya estaba "caliente" menos yo. En eso, el primo le habla y le pide que ya pare, Javier nota que está nervioso y no lo culpa, ya que se estaban alejando de la ciudad y andaban por lugares, que la "migra" y el sheriff vigilaban. Poco más tarde, para a un lado de un montón de pacas de alfalfa y mira para todos lados para asegurarse que no haya nadie alrededor. Cuando subieron a la última persona, se asustan, al ver que un señor pasa por un lado, corriendo "como si nada" –¿y ese wey de dónde salio?, grito Javier sorprendido. Después de quedarse viendo sin saber qué hacer, reacciona y le grita al primo que se vaya. Luego se va corriendo tras del señor, gritándole que pare y cuando por fin lo alcanza, le pregunta lleno de miedo, qué es lo que quiere – ¡no te asustes, todo está bien!, dijo Javier respirando profusamente. Luego le agarra la mano y le pone varios billetes de veinte dólares en ella –¿"nos vas a poner el dedo"? le pregunto preocupada. El le devuelve el dinero y le señala una casa en la distancia, que estaba escondida entre unos árboles, diciéndole que ahí vive y que corria diariamente, para hacer ejercicio. Después de decirle que no se preocupe, "ya que él no miro absolutamente nada", empezó a correr otra vez. Más tarde iba manejando como zombi, preocupado porque ya había oscurecido y que tal vez, el señor que los miro subir la gente, los reporto con la policía. De pronto, siente que el camión empieza a vibrar sin control y rápidamente aplica los frenos. Cuando se recupera del susto, sale todo aturdido a ver qué había sucedido. Unos minutos después, se da cuenta que se pasó la calle, donde debería haber dado vuelta a la derecha y acabo en ese camino de terracería, que estaba lleno de hoyos. Después de asegurarse que todos estuvieran bien, le da al troque para atrás lentamente, ya que de lo oscuro que estaba, no miraba absolutamente nada. En eso, las llantas de la traila del lado del chofer cayeron a un hoyo, haciendo que quedara inclinada hacia la izquierda – ¡muchas gracias por protegerme "jefita"!, grito él mirando hacia el cielo. Después de estudiar la situación, se regresa al troque y oye que su nex tel esta suene y suene. El lo ignora, porque en ese momento, lo que quería era salir del problema en que estaba. Después de darle al troque para adelante y para atrás, por varios minutos, por fin logro sacarlo. Luego se fue lentamente de reversa a "tientas", ya que había apagado todas las luces para no llamar la atención. Porque si alguien viera su tráiler, en medio de "files" de lechuga a esas horas, iban a querer saber que estaba haciendo ahí. Los minutos pasaron y cuando por fin siente que subió al pavimento, deja escapar un suspiro de alivio.

Luego se pone una camiseta limpia, ya que la que traía, estaba completamente empapada de sudor y no quería que los "migras" le preguntaran porque andaba así. Luego le marca al primo, para avisarle que pronto estaría llegando al retén. Javier no le dice lo que le había sucedido, porque no quería que le dijera pendejo, ya que él se la daba de bien inteligente. Al llegar a la revisión, el emigrante no le pregunto nada, solo le dijo que esperara a que el que traía el perro, terminara de olfatear el tráiler. Javier mira cuando el oficial empezó de enfrente hacia atrás y después de darle la vuelta completa, llega a su lado le hace saber que trae una llanta "ponchada" en la traila y a punto de salirse del rin. Él le dice que ya lo estaban esperando, en el casino que estaba a unas millas de ahí, para ponerle otra. El emigrante le dijo que estaba bien y le hace señas para que se retire – ¡"a mí me hacen lo que él viento a Juárez" !, grito Javier, burlándose de ellos, olvidándose que solo unos momentos antes, había llegado ahí todo asustado. Un par de días más tarde, después de haber cruzado a varias personas en el camarote, se puso a platicar con ellos para que se tranquilizaran – ¿de dónde vienen?, uno de ellos le dice que viene de Zacatecas, otro que de Jalisco. Cuando alguien dice que es de Mexicali, se queda extrañado, ya que los de ahí se brincan el cerco, sin usar "polleros" – ¿de qué parte? – ¡del ejido San Luis! Al oír eso, Javier lo invita a que se venga para enfrente. Cuando ya está a su lado, voltea a mirarlo lleno de curiosidad y le pregunta, que si conoce al señor Abel Beltrán – quien no va a conocer a ese señor, si casi es dueño de medio ejido. Javier iba a decirle que era su suegro, pero calla para ver que más le puede sacar – lo conocí cuando yo estaba en una tienda y llego acompañado de su hija – ¡"esto se va a poner bueno"! dijo frotándose las manos, al darse cuenta que estaba hablando de Kathy – ¿y qué paso con ella? – lo último que supe, es que se fue al "otro lado" con un "cabrón" bien hecho, peleonero y borracho – ¿y aun así la se fue con él? –¡así es! quien sabe cómo le estará yendo a la pobre. Por la manera de decir eso, se da cuenta que también a él le gustaba, igual que muchos chavos del ejido. Después de una pausa, siguieron hablando – ¡pues sí que era una "fichita" el bato! dijo Javier, haciendo un gran esfuerzo para no reír. Otra persona se apenaría de lo que acababa de escuchar, pero como él tenía une ego muy grande, todo lo que dijo de él, hizo que se le hinchara él pecho de orgullo. Después, piensa en lo pequeño que es el mundo, ya que sabe muy bien que ese muchacho, que jamás había visto en su vida, no tiene la más mínima idea que él era, la persona de la que estaba hablando. Días más tarde, llega a la revisión, con otras personas en el dormitorio y cuando para a un lado del emigrante, se da cuenta que está sumamente cansado –¡este "cabron" está doblando turno!, pensó. Pasaron varios segundos y el oficial no hacía ni le preguntaba nada, solo recorría con la vista el troque de arriba abajo y luego se le quedaba viendo a él fijamente. Javier le pidió a Dios que no abriera la puerta, porque si lo hacía se iba a dar cuenta que sus piernas le estaban temblando. Después de tensos minutos, el "migra" le dijo que se podía ir –¡wow, que cerca estuvo eso! dijo él. Momentos más tarde, le pide la contraseña y cuando contesta que "los pollitos hacen pio pio" Javier le pregunta, que si se fijó que el emigrante se miraba todo "bombo" – ¡así es primo, parecía que se iba a quedar dormido parado, ja ja ja!, ¡así deberíamos agarrarlos siempre! Luego le dice que se vaya despacio, porque tiene que echar diésel. Cuando termino de llenar los tanques, sale apurado a donde lo estaba esperando. Al llegar a un crucero, estaba muy quitado de la pena, platicando con las personas que traía. De pronto, mira que viene una patrulla de la "migra" para a su lado. Javier no le dio importancia, ya que estaba en la línea para seguir derecho y él iba a dar vuelta a la izquierda, Pero cuando el semáforo le dio la flecha, mira con horror que se viene detrás de él, con todas las luces prendidas –¡Ahora sí, nos llevo la "chingada"!, grito asustado. Momentos después, el emigrante le pide que salga del troque, para enseñarle algo. Cuando llega a donde estaba el oficial, se quiso morir de vergüenza, al darse cuenta que por andar a las carreras, se trajo arrastrando la manguera de la bomba de diésel. Javier quiso decir algo, pero él no lo dejo y se alejo a risa y risa, burlándose –pues dime pendejo todo lo que quieras, pero en realidad el único pendejo eres tú, ya que ni cuenta te diste de los "pollos" que traigo conmigo, dijo el mientras enrollaba la manguera. Después de entregarle las personas al primo, se dirige a la yarda a levantar una traila cargada, para regresarse a donde vive. Antes de irse, va al carro de Frank y le deja sus "encargos", luego entra a la oficina y le guiña un ojo. Él le sonríe, ya que sabe muy bien que ya le trajo su cartón de cigarros y la botella de tequila. Esa noche, antes de llegar le marca a su esposa para que venga por él, pero ella le dice que le hable al taxi, porque andaba comprando mandado. Más tarde, al terminar de colgar la manguera en la pared del garaje, da unos pasos para atrás y la mira como si fuera un trofeo. En ese instante llega Kathy y asustada, le pregunta qué de donde saco "eso". Él calmadamente, le platica lo que le sucedió ese día – ¿y no piensas regresarla? – ¿tú crees que, si la fuera a regresar, la estuviera poniendo ahí? Ella sacude la cabeza y le dice que ojalá y no se queme la casa, por culpa de ese cochinero – ¡ayúdala señor!, dijo él mirando hacia el cielo. Al otro día, el primo le confirma que tiene seis "pollos" – ¿por qué tan poquitos?, dijo Javier burlándose, después de unos segundos de silencio y ver que no dice nada, le pregunta qué si pasaba algo. El primo le comenta, que uno de ellos está muy golpeado, ya que cayó mal al brincarse el cerco – ¿se anima a llevárselo? Después de pensarla por varios segundos, Javier le iba a decir que no, pero luego cree que no sería justo dejarlo y le dice que se lo traiga. Más tarde, siente lastima por él al ver los gestos de dolor que hace, con cada paso que daba.

Antes de subirlo, alguien le quita las muletas y las arroja al interior de la traila. Al estarlo metiendo a la traila, comenzó a gritar cada que lo movían, haciendo que Javier apretara los dientes y se volteara para no ver. Afortunadamente, logro cruzar el retén sin problemas y aunque volvieron a batallar para bajarlo, sintió un gran alivio al ver que ya iba a reunirse con los suyos. Días más tarde, otra vez andaba con el primo atrás de él, buscando donde levantar la gente. Cuando iba pasando por un panteón, al ver que no se miraba nadie alrededor, para de repente y le grita que se venga. Cuando llega, ya lo estaba esperando con la puerta de la traila abierta y al estar subiendo la gente, nota que un señor se quedó en él pick up y solo los miraba con cara de asustado –¿y ese wey que?, le pregunto Javier – no se quiere ir adentro de la traila porque dice que se puede asfixiar. Javier pensando que por esa pendejada iba a perder mil dólares, fue a hablar con él. Un par de minutos después, el señor sale del pick up apurado y se sube a la traila, dejando al primo con la boca abierta – ¡a "cabrón"! ¿"pos" que hizo para convencerlo? – le dije que usted es "joto" y que si se quedaba, no lo iba a dejar en paz toda la noche. El primo se le quedo mirando furioso, mientras Javier se retira a risa y risa. Al día siguiente, se encontraban utilizando el "pisa y corre", que consistía en que el primo lo siguiera a corta distancia y que cuando mirara que Javier se hiciera a un lado, él debería parar atrás de él para subir los "pollos". Cierta noche, después de pasar el retén", estaba escuchando música para relajarse cuando él primo le habla, para decirle que se "poncho y que pare para esperarlo, mientras cambia la llanta. Javier se molesta al oír eso, pero al ver que no hay nada que hacer, se hace a un lado para esperarlo. Luego va a avisarle a la gente, que todo estaba bien, para que no se preocuparan. Antes de abrir la puerta, voltea para todos lados para asegurarse que no le vayan a sacar otro susto, como el señor que andaba haciendo ejercicio unos días antes. Momentos después, le sorprende ver entre la gente, la carita brillosa un niño de unos seis años de edad, quien le recuerda a su hijo Daniel. Después de preguntar que con quien venía y no obtener respuesta, él chavito le dice que viene solo – ¡no puede ser!, grita Javier enojado y se lo lleva para enfrente, ya que adentro de la traila estaba muy sofocado. Momentos más tarde, le da una botella de agua y al mirar que se la acaba de dos tragos, le pregunta que si no había tomado agua en el camino. Él se le queda viendo como si estuviera tonto y le dice que como va a tomar si nadie trae. Al oír eso, corre a sacar botellas de agua del refrigerador, para llevárselas a los que venían en la traila. Pero al mirar que era demasiado inquieto, piensa que no era una buena idea dejarlo solo. Apenas habían pasado unos minutos que se lo había traído y ya quería estrangularlo, porque aparte de lo travieso que era, hablaba hasta por los codos. Los minutos pasaban y el niño seguía sin ponerse en paz, jugando con el botón que sube y baja su ventana, moviéndole al radio, mientras le decía que su papá le iba a pagar en cuanto lo entregara, porque también es troquero y tiene mucho dinero. Su paciencia llega a su límite, al ver que él pequeño monstruo se agarró jugando con la palanca de los cambios, haciendo rechinar la transmisión. Enfadado, le grito para que se pusiera en paz, haciendo que se quede bien calladito – ¡no que no te apaciguabas "cabrón"! dijo el, creyendo que por fin lo puso quieto. De pronto, se para y de un brinco se cuelga del cordón que hace pitar las cornetas, haciendo tremendo escándalo. Eso fue lo último que pudo soportar y después de agarrar la bolsa con las botellas de agua, se lo echa al hombro y casi corriendo, fue a regresarlo a la traila. Cuando cerró la puerta, quería ponerle un candando y ponérselo, para asegurarse que no se fuera a salir. Cuando llego él primo, al primero que bajo fue al "morrito", quien al pasarle por un lado a Javier le saco la lengua, haciéndolo reír – pobre de su papá dijo el, si supiera lo que le espera con ese diablillo. Después le habla al primo, para regañarlo por no darles agua, para que tomen en el camino. Al día siguiente, al estar subiendo la gente otra vez, Javier le palmea la espalda al primo, al ver que todos traían su botella de agua. Pero cuando los bajo, se quería morir de coraje. al ver que dejaron las botellas vacías, tiradas sobre la mercancía que traía. Después de recoger el cochinero, le marco al primo– ¿sabe qué?, mejor deles agua hasta que se les salga por las orejas, porque ya no los voy a dejar subir con botellas.

Al otro día, se encuentra en una calle donde habían varias fábricas y al ver que no se miraba nadie, le habla al primo para que le traiga la gente. Cuando le colgó, oyó el silbato de una fábrica cercana, pero no le dio importancia. Momentos más tarde, cuando iba a empezar a subirlos, se lleva tremendo susto al ver pasar carro tras carro a su lado. En ese momento, se da cuenta que él silbato que oyó, era para anunciar el fin del día de trabajo y todos salieron apurados para irse a casa – ¡en la "madre!, grito enojado, ya que por poco los agarraban subiendo los "pollos". Al ver que vuelve la calma y cuando iba a intentar otra vez, se tuvieron que ir de ahí, al darse cuenta que estaban a un lado de la compañía de gas y había cámaras por todos lados. Cuando por fin traía la gente con él, se pregunta si también en la revisión, lo van hacer pasar un mal rato, pero no fue así, ya que la cruzo fácilmente. El bajarlos fue otra verdadera pesadilla, pero cuando lo lograron, al estarle pagando, él primo se queja de lo que tuvieron que pasar ese día – ¡no sea llorón!, le dijo Javier, ¡así es este negocio!, unas veces es fácil y otras no – ¡es que con las personas que trabajaba antes, no pasábamos tantos sustos. Javier se le queda viendo fijamente y le dice que tal vez eso se debía, a que ellos solo se atrevían a "mover" uno o dos "pollos" a la vez y no era lo mismo que subir y bajar gente a montones, al ver que tenía razón, el primo se alejó de ahí sin decir nada más. Para variar, el día siguiente también fue muy "pesado", porque cada que estaba a punto de subirlos, algo pasaba que los hacía irse a otro lugar. Cuando finalmente lo logra, se arranca y cuando apenas había manejado unas millas, oye que su radio empieza a sonar –¡ahora que "chingados" pasa!, grito enfadado – ¡primo, primo deténgase, trae la puerta de la traila abierta! Javier se hace a un lado echando madres, ya que estaba seguro que la había cerrado bien. Al llegar atrás, mira con horror los dedos de las manos de alguien, jalando la puerta hacia adentro. Después de darle las gracias al que hizo eso, la vuelve a cerrar. Más tarde, iba pensando en la suerte que tuvo, de que eso pasara en ese camino solitario, porque si eso hubiera sucedido en la carretera que estaba a punto de tomar, no hubiera llegado muy lejos. Después de pasar la inspección y darle la gente al primo, fue a entregar la carga que traía y cuando ya estaba vacío, le habla a Frank para reportarse. Él le hace saber, que si quiere regresarse cargado, tendrá que quedarse hasta el día siguiente –¡mejor me voy vacío dijo el, porque sabía bien que si se quedaba, no iba a poder traerse otros "pollos". Cuando iba camino a casa, se va por la vieja carretera 86, para buscar un lugar para bajar la gente. Al llegar a la carretera 62, dio vuelta a la izquierda y poco después para, al ver una palma que parecía un paraguas gigante, ya que sus ramas caían hasta el suelo. Algo que también le gusto, fue que podía ver a lo lejos para todos lados –¡aquí mero los voy a bajar de ahora en adelante!, dijo el bien contento y acelera alejándose de ahí –ojala hubiera un lugar así en El

Centro, para levantarlos y no andar a la vuelta y vuelta como pendejos. Los días pasaron y en cuanto cruzaba la inspección, empezaba a cantar como loco la canción "La palma de coco", con el primo haciéndole segunda. El mes de abril llego, trayendo días muy calurosos, como ese cuando estaba esperando al primo. Al oír en él radio, que ya estaba a 90 grados y apenas eran las siete de la mañana, le habla para que se apure –¡espérese primo! alguien más tiene otro "puño" y ya voy en camino a levantarlos. Minutos después, no puede evitar poner nervioso y al ver que la temperatura seguía aumentando, cree que es mejor dejarlo para en la noche. Cuando le iba a marcar al primo para sugerirle eso, mira que llega y para atrás de su tráiler. Javier piensa que no les iba a gustar nada, oír que se pospuso el viaje hasta la noche –ni modo, me los tengo que llevar, ojala y todo salga bien. Poco después, cuando cree que ya subió la última persona, le sorprende ver que vuelven a salir más de la troca – ¿cuántos son pues?, le pregunta enfadado. Cuando le dice que son doce, le iba a decir que eran muchos, pero al ver a una preciosa joven meterse a la traila, se quedó callado. Él estuvo a punto de decirle que se bajara para llevársela enfrente, pero la mirada que le echa el primo, lo hace cambiar de idea. Al llegar al retén, él emigrante le da el pase y empieza a caminar hacia la caseta, para refugiarse del calorón que estaba haciendo. En ese instante, alcanzo a ver en el espejo que volteo repentinamente y se le quedo viendo a la traila. Javier pensó que le iba gritar para que se detuviera, pero al ver que no hizo nada, siguió su marcha. Momentos después, iba preocupado sin dejar de mirar para atrás, ya que no le gusto lo que sucedió en la revisión. De pronto, recibe una llamada del primo, quien a gritos le advierte que ni se le ocurra parar en ningún lado, porque la "morra" se estaba insolando y venia gritando y tirando patadas por todo el camino – ¡no "chingue"! grito Javier asustado, ya que ahora no había duda, de que el emigrante si había oído algo. Minutos más tarde, el primo le vuelve a llamar para decirle que la muchacha ya había muerto y que pare y se deshaga de ella ¡QUEEE! ¿me está diciendo que la tire, como si fuera un perro? dijo Javier lleno de coraje – ¡haga lo que le digo, porque no sabe en el lio que se va a meter! – ¡eso a usted "que le valga madre"!, ¡además yo no sabía que traía un doctor en la traila! En ese momento, se acuerda de una estación de bomberos que estaba cerca de donde andaba y pensó darle para allá, para ver si podían hacer algo por ella. Pero al darse cuenta, que no era una buena idea llegar ahí con la gente que traía en la traila, se hizo a un lado para bajarlos. Antes de salir del camión, le habla al primo para decirle que no se hiciera pendejo y viniera a por ellos. Cuando llega atrás del tráiler, antes de abrir la puerta voltea al cielo y empieza a pedirle ayuda a su madre –¡otra oportunidad "jefita", ahora sí, te prometo que si me sacas de esta "bronca", dejo de hacer esto! Cuando abrió la puerta de la traila, siente un gran alivio al ver que la chica, aunque estaba pálida como veladora aún estaba con vida, rodeada de varias personas, que le estaban echando aire con sus camisas. En ese momento, oye que alguien le ruega que ya los baje –¡en cinco minutos llegaran por ustedes!, les grito Javier. Al ver que varios de ellos empiezan a caminar hacia él, cierra la puerta rápidamente, porque sabe que si llegan hasta donde está, no iba a poder detenerlos. Cuando le iba a marcar al primo otra vez, oye un carro frenar y asustado voltea para ver quién era y siente un gran alivio, al ver la troca del primo atrás de él. De lo agitado que andaba, no se dio cuenta que el pick up derrapo cuando freno y casi lo prensa contra la traila. Cuando abre las puertas para que salieran, se sintió mal al verlos salir en estampida y caer al suelo unos arriba de otros, para después irse sobre un charco de agua sucia. Por más que Javier les grito, para decirles que no tomaran de ahí, porque se podían enfermar, ellos lo ignoraron y empezaron a beber y a echarse en el cuerpo. Después se lleva a la muchacha en brazos y fue y la puso en el asiento de enfrente y le sube al aire acondicionado a todo lo que daba –¿quieres que te lleve al hospital?, le pregunto Javier preocupado. Al no poder hablar de lo débil que estaba, ella le dio que no, moviendo la cabeza de un lado al otro. Al día siguiente, cuando se encontró con el primo para que le pagara, lo primero que hizo fue preguntarle por chica y sintió un gran alivio, cuando le dijo que se recuperó totalmente en el camino a Los Angeles. Después el primo le explica, que cuando le dijeron que estaba muerta, creyó que era mejor que se deshiciera de ella, porque si lo hubieran agarrado le iban hacer cargos de homicidio –¡"ni madre"! lo que pasa es que usted pensó, que le iba a "poner el dedo". Luego suelta una tremenda carcajada, al ver la cara que puso y ya en serio, le dice que él nunca haría eso – si algún día me llegan a "chingar", váyase a su casa y tómese unas cervezas a mi salud –¡ojalá que nunca pase eso!, dijo el primo. En ese momento, nota que Javier se quedó muy serio y le pregunta que si ocurre algo – ¿sabe qué?, lo que sucedió ayer me dejo todo traumado y creo que es mejor dejar de hacer esto por un tiempo, así que ya no me llame más. Después de decirle eso, se retira mientras el primo lo mira sin saber qué hacer. Al ir manejando, piensa en lo afortunado que fue de que no lo agarraran y se felicita a sí mismo, porque por fin va a dejar de pasar "pollos". Luego se pregunta una y otra vez, que como fue posible que se haya escapado de que lo hubieran agarrado en el retén, a pesar del escándalo que iba haciendo la chica adentro de la traila. Más tarde, antes de que el coyote cojo le hable para pedirle que no lo abandone, fue y tiro su radio en un canal que estaba a un lado de la carretera – ahora sí "cabron", háblame todo lo que quieras, dijo el sacudiéndose las manos. Días después, estaba bien contento, porque ahora si tenía tiempo para su familia. Un sábado en la mañana, se llevó a su hijo Daniel a las peleas de gallos, en un rancho fuera de la ciudad. Cuando llego, mira que el lugar estaba lleno de toda clase de gente, había mexicanos, filipinos, americanos y negros de todas las edades. Cuando apenas había empezado la primera pelea, alguien grito que había llegado "la placa" y todos se echaron a correr despavoridos. A Javier le sorprendió la facilidad, con la que hasta los viejitos saltaron él cerco para huir, dejando a sus gallos abandonados. Él también pensó correr, pero al acordarse que traía al Danny, se dio cuenta que no llegaría muy lejos y se quedó a enfrentar las consecuencias. De pronto, se talla los ojos una y otra vez, al ver llegar al sheriff con una jaula en cada mano volteando para todos lados, pregunta que donde estaban los demás – ¡allá van!, dijo Javier apuntándole hacia un "fil" de alfalfa, donde los galleros "profesionales" iban corriendo a "todo lo que daban" – ¡"me lleva" y yo que quería pelear mis gallos! – ¡"no manches"! grito Javier enojado, como se te ocurre, venir en la patrulla y en uniforme – ¡yo soy la autoridad de este pueblo y hago lo que se me dé la gana!, contesto molesto. El se le queda viendo por unos segundos y luego agarra a su hijo de la mano y lo deja hablando solo. Cuando iba de regreso a casa, le llama su despachador para decirle, que le toco levantar la primera carga de Arizona. Javier grito de puro gusto al oír eso – ¡es todo Frank!, nada más por eso, te voy a llevar otro paquete de cigarros, cuando ande en Los Ángeles, ¿ok? Él le dice que está bien, pero a Javier no le gusto la forma que lo dijo y le pregunto que si pasaba algo. Frank se toma varios segundos en contestar – lo que pasa es que esa carga no viene para acá, va para Oklahoma City –¡no "chingues"! dijo el enojado, ¡dásela a alguien más! El despachador trata de calmarlo, diciéndole que en una semana estará de regreso y le asegura que después de ese viaje, las demás cargas serán para Los Ángeles. Javier acepta a regañadientes, pero le advierte que si le vuelven a salir con otra tontería de esas, va ir y le va a meter el troque al jefe, "donde ya sabe". Frank suelta una carcajada y después de desearle un feliz fin de semana se despiden. Él lunes llego y cuando sale se estaba preparando para su viaje, mira que Kathy le estaba poniendo ropa de invierno en su maleta – ¿y eso?, le pregunta con curiosidad – a la mejor a dónde vas todavía hace frio – ¡por Dios mujer, ya casi estamos en Abril! Ella sin decir nada, va y guarda la ropa otra vez. Cuando llegan a donde está su troque, le da un beso y le dice "que Dios te cuide". Enfadado, voltea hacia el cielo y le recuerda que solo va a Oklahoma y no a Afganistán o Irak. Eso fue todo lo que ella pudo soportar y mirándolo con coraje, le dice que se fuera mucho a la "chingada". Javier arrepentido, le regresa el beso y le pide disculpas, diciéndole que andaba así, porque odia los viajes largos. Cuando llega a donde lo iban a cargar, estaba en la ventanilla esperando que él guardia lo atendiera y el sin mirarlo siquiera, le dice que tendrá que esperar, porque era la hora del "lonche". Molesto por la forma que le contesto le iba a decir algo, pero piensa en que es mejor buscarle el lado bueno. De pronto, mira una motocicleta

Harley Davidson, que está afuera de la caseta y le pregunta que si es suya –¡así es!, le dijo el fríamente –¡que "padre" esta!, mi sueño es tener una de esas, para llevarme a mi esposa a pasear. Con eso que le dijo, se lo "hecho a la bolsa" y de ahí en adelante, solo hablaron de motocicletas. En ese momento llega un señor americano, quien después de saludarlos, empieza a hacer la limpieza, mientras murmuraba ¡umpa, umpa, umpa! Al ver que viene hacia donde estaba, se hace a un lado sin quitarle la vista de encima y cuando termina, se retira sin dejar de decir ¡umpa, umpa, umpa! Segundos después, sacude la cabeza y le pregunta al guardia, que si ese señor estaba bien de sus facultades mentales – ¡sí hombre!, lo que pasa es que aquí trabajan puros mexicanos y todo el día tocan pura música de banda, por eso anda así, – ¡no pues con razón! y yo que pensé que el pobre se había quedado "arriba"! dijo Javier, haciendo que el guardia soltara fuerte carcajada. En ese instante, llega un joven de aspecto "cholo", en un bonito carro "low rider" y el guardia levanta el brazo de metal, para dejarlo entrar. De pronto, el joven lo ladeo a la izquierda y después a la derecha, para finalmente hacerlo "reparar" igual que un caballo, para finalmente dejarlo caer, sacando chispas de abajo de la carrocería. Javier sorprendido, voltea a ver al guardia, como para pedirle una explicación – ¡es él jefe de la bodega!, le dijo riéndose –¡en la madre, aquí trabajan puros "destrampados"!, pensó Javier. Cuando lo cargaron, para a un lado de la caseta y se reporta otra vez con su nuevo amigo. Luego platica con él como si lo conociera de hace tiempo, mientras le hace el papeleo. Más tarde, al ver que la conversación iba para largo, se despide diciéndole que tenía el tiempo medido para llegar a Oklahoma. Él guardia le dice que está bien y después de subir a la traila y contar las tarimas, le pone el sello y le desea buen viaje. Cuando iba subiendo las montañas al norte de la ciudad de Phoenix Arizona, empezó a sentir frio y apago él aire acondicionado –¡wow, ojalá que así estuviera de fresco, alla donde vivo!, dijo él. Cuando llega a Nuevo México, para en un truck stop a echar combustible y al abrir la puerta, se sorprende del tremendo frio que estaba haciendo. Lo primero que pensó, fue en ponerse una sudadera, pero se acordó que no quiso, que le pusieran ropa de invierno –¡para que se me quite lo pendejo!, se dijo a sí mismo. Después salio del troque, vestido como si anduviera en la playa, con "shorts" y sandalias, sin importarle que los demás choferes, se le queden viendo pensando que estaba loco. Después de "parkearse", para pasar la noche en ese lugar, entre bostezo y bostezo saca el libro de mapas, para estudiar la ruta que iba a seguir. En eso, se le antojo una cerveza y se fue sobre él refrigerador y al abrirlo y ver que había un "six pac", se le dibujo una sonrisa de oreja a oreja. Poco más tarde, cuando ya solo le quedaban dos, iba a dejarlas para otro día, pero pensó que era mejor que se las tomara, al acordarse que en Nuevo México, si lo para la policía se suben a registrar el dormitorio. El sufrió para acabárselas, porque de lo helado que estaban, sentía como que estaba tragando tachuelas. Al día siguiente, cuando estaba desayunando, sintió que le dolía la garganta cada que pasaba bocado y sabía bien, que era por las cervezas que se tomó la noche anterior. De pronto su radio suena y al contestar, se sorprende al oír la voz de Alberto. Después de recuperarse de la sorpresa, le pregunta que como le hizo para conseguir su número –¡tengo amigos que te conocen, "mi loco"! Javier enojado, le advierte que estaba perdiendo su tiempo, si cree que va a volver a pasar "pollos" otra vez. Luego lo deja hablar y lo escucha pacientemente, pero cuando se dio cuenta que solo para eso le llamo le colgó. Cuando apenas habían pasado unos minutos, pensó que desde que dejo de pasar ilegales, los días se le hacían más largos y aburridos. Él tuvo que admitir, que extrañaba cuando la adrenalina corría por sus venas, al estar acercándose al retén. Después de meditar por un buen rato, se olvida de la promesa que le hizo a su mamá y decidió hablarle para decirle que aceptaba, si le daba 200 dólares más por persona. Cuando el coyote cojo le dijo que eso no era ningún problema, Javier le pidió el número del primo, para hablarle cuando fuera de regreso. Esa noche, al sentir que no podía respirar, fue a sentarse enfrente y ahí se quedó hasta que amaneció. Un par de días más tarde, cuando solo le faltaban unas horas para llegar a Yuma, le marca al primo para recordarle, que le iba a hablar en la mañana. A él le da tremendo gusto, saber que van a entrar en acción otra vez y después de saludarlo, le pregunta a Javier que como esta –¡algo "jodido" de la garganta! contesto el –¡ya me di cuenta, porque apenas entiendo lo que me está diciendo!, si quiere lo dejamos para otra ocasión –¡no "manche", que yo sepa, nadie se muerto de esto!, dijo Javier. Cuando llega a la fábrica a dejar la traila que traía y levantar la que va para Los Angeles, le dio gusto ver que estaba otro guardia, porque si hubiera sido su amigo, no le iba a parar la boca y lo único que quería era llegar a su casa a descansar. Cuando llego al lugar donde deja su troque, sonríe al ver que Kathy ya lo estaba esperando. Después de subir al carro, ella se lleva la mano a la boca y se le queda viendo asustada –¡que "chingados" traes pues!, dijo Javier enfadado y baja el visor para mirarse en el espejo –¡en la madre!, grito al ver lo hinchado que traía la cara y preocupado, le pregunta que si hay antibióticos en la casa –¡que antibióticos ni que nada, tú lo que necesitas es ir al hospital!, el enojado, le hace señas para que le de para la casa. En cuanto llegaron, se toma uno y hace gestos de dolor al tragárselo, después hace gárgaras con agua bien caliente, revuelta con sal, mientras. Kathy le insiste angustiada, que la deje llevarlo al hospital, pero él la ignora. Momentos después, se mete en un cuarto desocupado, ya que no quería molestarla con los ruidos que hacía, al estar escupiendo las flemas. Horas más tarde, se da cuenta que estaba empeorando y fue a despertarla. Ella, al ver que ya no puede hablar, fue corriendo a dejar al niño con los vecinos para llevarlo a emergencia donde al llegar, lo atendieron de inmediato. El doctor le pregunta que cual es su problema, pero al ver que de su boca solo salen ruidos, le da una pluma y un papel y le pide que escriba del uno al diez, para saber que tan grande es el dolor que siente y el, rápidamente pone un diez. Más tarde, estaba en un cuarto con Kathy a su lado, vestido con la bata de hospital que le dieron. Ella noto que no dejaba de mirar el reloj, que está en la pared y le dice que se calme, porque parece que no va a ir a ningún lado. En ese momento, el doctor entra con una jeringa en la mano y le pide a Kathy que salga, porque no le va a gustar ver lo que va a hacer. En cuanto salio, le dice a Javier que abra la boca y luego, le empieza a sacar jeringa tras jeringa llenas de pus con sangre y no paro hasta que solo salió sangre. Javier sintió un gran alivio, cuando por fin termino y le dieron un líquido para que hiciera gárgaras. Minutos después, estaba platicando con el doctor quien, al estarle poniendo una inyección en el brazo, le explica que traía una fuerte infección en la garganta y lo bueno fue que se atendió a tiempo, porque se le iba a cerrar y se hubiera asfixiado. Javier le dice que ya se siente mejor y le pregunta que si ya se podía ir a su casa –¡olvidate de eso!, va a venir un especialista de San Diego a examinarte y él es el único, que podrá darte de alta –¡no puede ser!, el molesto, ya que sabía que el primo, estaba esperando su llamada. De pronto, su cara se ilumina al ver que el doctor sale del cuarto y antes de cerrar la puerta, le dice a Javier que trate de descansar – ¡que descansar ni que madres! dijo el saltando de la cama. Después de ponerse la ropa con la que llego, sale del cuarto preocupado, porque sabe que tiene que pasar por la sala de espera y ahí estaba Kathy. Pero se tranquiliza, al ver que estaba completamente dormida y al pasarle por un lado, lo hace caminando de puntitas y rogándole a Dios para que no se despertara. Al entrar al elevador, lo primero que hizo fue pedir un taxi y le sorprende que en cuanto salio, este estuviera llegando. Cuando llegaron al truck stop, su radio empezó a sonar sin parar y al ver que era Kathy, lo apago, porque sabía bien que solo le habla para regañarlo. Estaba amaneciendo, cuando el primo le habla para preguntarle que por donde le da – ¡váyase por el Forrester road! Poco después, mira en sus espejos que lo está alcanzando y le dice que no lo pase, porque va a tratar de subirlos a la primera oportunidad. Al ver que no vienen carros, se hace a un lado de la carretera y el primo hace lo mismo. El subirlos fue fácil, ya que solo eran cuatro personas y después de gritarles que se persignen con la mano izquierda, se "arranca" rumbo a la inspección, la cual paso fácilmente – ¡ahora, a ver cómo me va al bajarlos! Por suerte, eso también fue fácil y cuando le estaba dando la gente, el primo nota que trae la pulsera que le pusieron en el hospital – ¿y eso primo? – ¡olvídese, es una historia muy larga! Él primo se le queda viendo, sin entender porque andaba tan "acelerado". Después

Javier se retira, para tratar de llegar a Coachella, para descansar, ya que se sentía totalmente exhausto. Más tarde iba manejando eche y eche "madres", porque los carros que iban enfrente de él, iban como en cámara lenta –¡muévanse hijos de la "chingada"! les gritaba desesperado y les echaba el troque encima para que se hicieran a un lado. Instantes después, cuando apenas podía mantener los ojos abiertos, mira el truck stop de los "talibanes" y decide llegar ahí, ya que no quería causar un accidente. En cuanto paro, su nextel suena sin parar y rápidamente lo apaga, porque en ese momento, lo único que quería era dormir. Luego Intenta irse al camarote, pero al ver que su cuerpo no le responde, ajusta el asiento para que se hiciera hacia atrás y en cuestión de segundos, se quedó roncando. Un par de horas más tarde, la incomodidad del asiento lo hizo despertar y al asomarse por la ventana, le llama la atención un carro que estaba al otro lado de la calle, con varias chicas adentro. Ellas lo miran provocativamente y a señas, le piden que las acompañe. Javier se talla los ojos una y otra vez, ya que no podía creer lo que estaba viendo. De pronto, cuando se levantan la blusa y le enseñan los senos, decide que ya tuvo suficiente y mueve el tráiler para enfrente. Él sabe bien que iban a creer que era "joto", por no aceptar su invitación, pero no está de humor para eso – ¡"pinches" viejas!, si no fuera porque acabo de salir del hospital todo "guango" me las "echo" a todas! Cuando se iba a ir al camarote para seguir durmiendo, mira con horror que el árbol que está a su lado, empieza a mover sus ramas como bailarina exótica – ¿y ahora que "jodidos" está pasando?, se preguntó asustado. El colmo fue cuando mira venir a un indio y se detiene a unos metros de su troque y después de ponerse en posición empezó a tirarle flechazos. En ese momento, se dio cuenta, que definitivamente algo no estaba bien y después de cerrar las cortinas, se mete al camarote corriendo. Luego le marca a Kathy asustado, para decirle lo que le estaba sucediendo. Ella no quiso oír nada, solo quería saber dónde se encontraba –¡el doctor que te atendió, me ha estado a llame y llame para saber si estás bien!, ¿sabes que te saliste del hospital, después que te inyectaron un sedante? –¿QUEEE?, ¡a mí nadie me dijo eso! –¡si te lo dijeron!, lo que pasa es que como ya "te andaba" por irte, no te diste cuenta –¡en la "madre"! grito el, al darse cuenta que lo del tráfico lento, las muchachas y lo demás, fueron puras alucinaciones. Ella siguió regañándolo, sin saber que ya no la escuchaba, porque se había quedado dormido con el radio en la mano. Horas después, se asusta al ver que ya era de noche y después de mirar a su alrededor por varios minutos, por fin pudo acordarse de lo que paso. Lo que no podía comprender, era que como pudo manejar hasta ahí, a pesar de haber sido drogado –¡cómo me paso de "lanza", que tal si me hubiera parado la "chota!" Luego se pone a "checar" los mensajes que tiene y le preocupa ver varios de Frank, preguntándole que si estaba bien y porque el troque no se estaba moviendo. El le habla, para explicarle lo que le paso y que cuando iba en camino, se volvió a sentir mal y tuvo que parar –¡no te preocupes, entrega mañana si quieres, porque esa carga no urge!, cuando le dijeron eso, se volvió a quedar dormido otra vez. Días más tarde, cuando ya se había olvidado de lo que le paso y después de pasar la revisión con "pollos" otra vez, empezó a platicar con ellos. como lo hacía todo el tiempo. Al estar hablando con el, se dio cuenta que había cruzado un loco, quien le dijo con la mirada perdida, que fue guardaespaldas del presidente de México y que también trabajo para el FBI –¿de veras?, dijo Javier siguiéndole la corriente –ahora voy a Los Angeles, porque los de la DEA me mandaron llamar. Javier hizo un gran esfuerzo, para no reírse cuando oyó eso y se preguntó, que a cuántas personas como esa habría pasado. Un viernes, cuando ya le faltaba poco para llegar a su casa, escucha en el radio que se aproxima una gran tormenta de tierra y le habla al primo para preguntarle que cuantos "pollos" tiene. Sorprendido de que le llamara, ya que habían quedado que no harían nada hasta el lunes, le contesta que cuantos quería – "unos veinte", dijo el bromeando. al primo le da una "tosecita" al escuchar eso – ¿cuántos dijo? Al ver que lo puso nervioso, suelta una carcajada y le dice que unos cinco o seis. Antes de llegar a donde se iban a ver, se persigna con la izquierda y luego se dirige a una seven – eleven, a buscar el mentado penny. Los minutos pasaron y después de recorrer todos los pasillos, y no encontrar nada, camino hacia a la salida para seguir buscando afuera. Antes de llegar a la puerta, mira uno y cuando lo recoge, una de las cajeras le pregunta qué era lo que se había hallado. Javier le enseña la moneda y ella le dice que se la dé, "porque todo lo que está en la tienda, pertenece a la tienda" –¡vete a la "chingada"!, le dijo él y salio de ahí, dejándola con la mano estirada. Más tarde, pasa la gente que le dio el primo fácilmente, ya que tal como pensó, el retén estaba completamente desolado. Él no entendía, porque siempre lo cerraban cuando llovía o hacia viento – a la mejor era para que no se enfermaran los "muchachitos", dijo él riéndose. Días más tarde, cuando otra vez estaba esperando al primo, se cortó la comunicación repentinamente y al ver que no llegaba ni le hablaba, se alejó preocupado, sin entender porque le hizo eso. Horas después, "le da mala espina" al ver que le está hablando Alberto y presiente que es para darle malas noticias –¡"chingaron al primo mi "Javi"! –¡en la "madre"! grito Javier preocupado. Luego le pregunta, que si creía que "les fuera a poner el dedo" –¡olvídate de eso, ese wey es un "buen perro" –pues por si las dudas, yo creo que es mejor "pararle" por un tiempo, ¿qué no? –¡no me hagas eso "mi loco", tenemos que seguir trabajando! Javier le colgó enfadado y luego se ríe, de cuando dijo la palabra "tenemos". Semanas después, ya se estaba acostumbrando a vivir una vida normal y sin sobresaltos, cuando el coyote cojo le llama nuevamente y le contesto, porque tenía curiosidad de saber que paso con el primo. Alberto le dijo, que le dieron dos años y que luego lo iban a deportar. Después de platicar por varios minutos más, le dice que lo necesita porque tiene mucho "trabajo" –¡ni le muevas por ese lado!, dijo Javier molesto y al ver que siguió insistiendo, lo amenazo con colgarle –¡esperate wey!, el que te va a llevar los "pollos" es otro troquero –¡a "cabron"! a ver explícate. Al oír como reacciono, Alberto sonríe y se soba las manos – ¡así es mi "Javi"! se trata de alguien que tiene su propio troque. Javier se quedó meditando por unos segundos y luego le pregunta, que porque no los cruza el –¡ovio "mi loco", él sabe que eso es lo más peligroso y tiene miedo! Cuando iba a empezar con que, él era "chingon de chingones" para cruzar gente, y que la "migra" le hacía "lo que el viento a Juárez", lo interrumpe diciéndole que lo va a pensar. Un par de días más tarde, se anima y le llama para que le diera el número del troquero, "porque ya le andaba" por saber, como iba a funcionar, eso de mover la gente usando dos troques. Al día siguiente, después de persignarse con la mano izquierda, le marca a su nuevo cómplice, para decirle donde lo estaba esperando – ¡hay voy para allá, con once personas! –¡ay wey, este "cabron" salio más bravo que el otro! Minutos después, al ver que casi lo alcanza, le dice que se pare atrás de su tráiler, ya que como el calor había terminado, se los iba a llevar ahí. Ellos esperan hasta que los carros dejen de pasar y cuando sube a todos, le grita que se vaya adelante y que él le habla en cuanto pase la inspección. Cuando paso el retén, Javier le marco para preguntarle por la contraseña –¿cuáles "pollitos", dijo el desconcertado, no sé de qué me habla –¡a "cabron" discúlpeme, ¡lo confundí con el otro primo! Poco más tarde, iba súper contento, pensando en lo fácil que fue levantar y bajar las personas de esa manera. Porque la gente que pasaba, al ver dos troques a un lado de la carretera, creerían que uno se descompuso y el otro llego a ayudarlo. Pero días después, se dio cuenta que iba a tener problemas con él, al ver que cuando llegaba a dejarle las personas, les gritaba como si fueran vacas. Esa vez , mira que un señor estaba sufriendo para subir y enfadado fue a ayudarlo y antes de cerrar la puerta, les grito que se persignaran con la mano izquierda. Después de pasar la revisión, al estar bajándolos tuvo que ayudar a bajar al señor otra vez y se sorprende, cuando el empieza a darle la bendición –¡muchas gracias, por lo que estás haciendo!, le dijo mientras le palmeaba la espalda. De pronto, los gritos del primo lo hicieron reaccionar –¡apúrense con una "chingada", yo no sé para que se quieren venir estos "pinches" viejos reumáticos! –¡hey, no le hables de esa manera!, le dijo Javier lleno de coraje. El primo no dijo nada, solo le dio unos acelerones a su camión como diciendo "uy que miedo" –¡cálmense por favor! les grito el señor, para evitar que las cosas pasaran a mayores. Poco después, cuando ya se había calmado un poco, se acordó cuando le dio la bendición –¡a la mejor es un cura de rancho!, pensó él. Lo que haya sido, su voz se le quedó grabada en su mente y por primero vez se dio cuenta, que aparte de ganar bastante dinero pasando gente, también los estaba ayudando, a ir en busca de una mejor vida y eso lo hizo sentir bien. Al otro día volvió a tener problemas con el primo, ya que cuando le trajo la gente, los metió a la traila sin decirle nada – ¡sáquelos de ahí, porque me los voy a llevar en el dormitorio! –¡pues no que si son más de cinco, se los iba a llevar en la traila!, dijo él y corre a abrirles la puerta de mala gana – ¡orale, bájense porque se van a ir enfrente! Ellos se levantan, molestos, porque apenas se habían acomodado, en eso Javier les grita que se queden dónde están y mirándolo a los ojos con coraje, cierra la puerta –¡es mi troque y yo decido, donde me los voy a llevar ¿ok? Cuando llega a la inspección, le molesta ver la fila que hay y se pone a "tararear" una canción, para no ponerse nervioso. Cuando por fin pasa, piensa en la gente que traía –¡pobres!, han de venir todo asustados, porque dure mucho en cruzar. Momentos después, al ver que no vienen carros por ningún lado, se orilla y corre a abrir el cofre de su troque, para hacer creer a los que pasaban que estaba teniendo problemas. Cuando el primo llega, sale corriendo a decirles que salgan, pero se llevan la sorpresa de su vida al abrir la puerta y verlos "hechos bola" enfrente de la traila –¡ya llegaron por ustedes, bájense!, les grito Javier molesto. Al escuchar que alguien dijo que se esperen, se quedan viendo el uno al otro, sin comprender que estaba pasando. De pronto, ambos brincan de susto al oír que gritan ¡GOOOOOOL! seguido de ¡MEXICO! ¡MEXICO! ¡MEXICO! – ¡no manchen! dijo Javier, al darse cuenta que estaban viendo un partido de fut – bol en una tableta. Cuando por fin empiezan a salir, mira que un joven se le queda viendo y le dice que no le grite, porque él tiene dinero y le enseña las llaves de un carro BMW –¡mira wey!, le dijo Javier enfadado, ¡ahorita tú eres un "pollo" como los demás y apurate porque nos estas entreteniendo! Momentos más tarde, no podía dejar de reír al acordarse de lo ocurrido, ya que no podía entender, que como era posible que un juego de fut – bol fuera más importante, que salir de la traila. Horas después, cuando iba de regreso a casa, al mirar el retén al otro lado de la carretera, no se pudo aguantar y se dijo a si mismo: ¡"ME LA PELLIZCARON CABRONES"! Un Domingo por la tarde, cuando regresaban de pasarse el fin de semana en San Diego, mira que Kathy venía bien dormida a su lado y se le "enchina" la piel, al pensar como reaccionaria si supiera lo que andaba haciendo. Días después, volvió a llegar al retén con varias personas y cuando le dieron el pase, tuvo la osadía de preguntarle al "migra" que si podía comprar una soda, en la máquina que tenían ahí. Él le dijo que no, porque solo era para ellos y que si dejaran a todos hacerlo, después también iban a querer usar los baños. Javier dice que está bien y se encoge de hombros. Esa tarde, cuando llega a su casa y mira que no hay nadie, fue a esconder el dinero que traía. Al abrir el cajón de la pesada caja de herramienta, le brillaron los ojos al ver el dinero y quiso contarlo, pero desistió, ya que Kathy podía llegar en cualquier momento. Luego entra y al ver varias cartas en la mesa de la cocina, las revisa para ver si llego algo importante. El abre la que le manda la compañía cada semana, para hacerle saber lo que le depositaron y aunque era una buena cantidad, la vuelve a dejar en la mesa –¡wow, que dineral!, dijo el burlándose. Al día siguiente estaba platicando con el guardia, quien después de checar la carga, bajo de la traílla y se regresó a la caseta. Javier lo sigue y luego se sienta en un escritorio "creyéndose mucho", ya que a los demás choferes, solo los atendía por la ventanilla. Horas más tarde, después de deshacerse de la gente que había cruzado, estaba en una bodega viendo cuando lo empiezan a descargar. De pronto, siente que le quiere pegar un infarto, al ver ropa arriba de las tarimas, que seguramente dejo la gente que había cruzado y sin pensarla dos veces corre tras el montacargas. Cuando lo alcanza, agarro las prendas y fue a tirarlas en un bote de basura que había ahí cerca, para después regresarse a donde estaba. Minutos después, al ver llegar al guardia de seguridad, sabe bien que está en problemas. Lo primero que viene a su mente, fue que lo miraron en las cámaras y ahora van a querer saber, de donde vino la ropa que tiro. Pero grande fue su sorpresa, cuando el señor le dice que lo va a reportar con su compañía, porque andaba en "chanclas" en la zona de carga y descarga. Al oír eso, baja la cabeza fingiendo estar apenado, cuando en realidad le vale "madre", porque sabía bien, que Frank no iba hacer nada. Momentos después, cuando su troque estaba vacío y se empezaba a retirar, Frank le llama para llamarle la atención – ¡ya ni la "chingas"! ¿cómo se te ocurre andar en sandalias, en la bodega de uno de nuestros mejores clientes?, Javier lo deja hablar hasta que lo enfado – ¡hey, ya párale, ya me regañaron allá! y lo único que te puedo decir es que no volverá a suceder ¿ok? Frank dice que está bien y como no queriendo la cosa, le recuerda que ya nada más le quedan dos cajas de cigarros, del ultimo cartón que le trajo –¡no te preocupes!, aquí traigo otro, junto con una botella de tequila – ¡YESSSSS!, dijo el al oír eso. Días más tarde, le volvió a pasar algo semejante, pero en diferente lugar. Cuando estaba observando que lo descargaran, escupe el trago de café que se estaba tomando, al ver una cachucha de "beisbol" arriba de una tarima. Cuando el montacargas le paso por un lado, estira la mano para agarrarla y luego se la pone. Al ver que nadie miro lo que hizo, se tranquiliza y se fue al troque, a comerse su "lonche". Apenas estaba empezando, cuando oye la gritería de los empleados y corre a ver qué sucede –¡otra vez!, grito Javier molesto, al ver que se divierten como niños, con una sudadera que tambíen encontraron en la traila –¡órale cabrón, esta te queda al puro "chingazo!" Luego ve que uno de ellos se la pone y al ver que no es de su medida, se la avienta a otro y este se la avienta a alguien más. Haciéndose el inocente, va y les pregunta la razón de tanto escándalo y el del montacargas le dijo que se la encontraron en la traila y que solo están jugando. Javier le da gracias a Dios, porque sabe bien que si eso hubiera pasado, donde los empleados fueran americanos, hubieran parado de descargar el tráiler, hasta que viniera un supervisor para que investigara de donde vino esa ropa. Un viernes en la mañana, decidió comprar su ansiada moto Harley Dadvison y lo primero que hace cuando llega a su casa, fue invitar a Kathy a dar una vuelta. Ella pega el grito en el cielo y le dice, que no está loca para subirse a esa "cosa", luego hace un escándalo cuando quiere llevarse al niño. Enfadado, le hace saber que se iba a ir a Mexicali, para presumírsela a sus amigos. Al ver la cara que puso, le promete que va a estar de regreso el Domingo, para llevarlos a comer. Ella le dijo que estaba bien y le advierte que ni se le ocurra, andar de "volado" con las "viejas" de allá –¡no te preocupes!, solo voy a visitar a mis amigos de la infancia, ya que tengo años que no los veo. Más tarde estaba estacionándose enfrente de una casa, donde está un letrero que dice: "REPARACION DE CALZADO". Antes de apagar la moto, le da unos acelerones haciendo tremendo ruido y tal como lo esperaba, salió un joven a investigar que estaba pasando. Al llegar donde estaba Javier, se le queda mirando por unos instantes y al reconocerlo, corrió a darle un abrazo –¿Qué "onda", a que se debe el milagro?, dijo su amigo Silvestre, quien estaba sumamente contento de verlo. Después de saludarse, Javier mira que se le queda viendo a lo moto y le pregunta que si le gusta –¡está bien "padre", préstamela para dar una vuelta!, El le avienta las llaves sin titubear, pero su amigo se las regresa –¡estoy jugando!, tengo años que no me subo a una "madre" de esas. Luego Silvestre le pregunta que cuantos "pollos" le costó - ¡que "pollos" ni que nada!, la compre con el sudor de mi frente! –¡no manches, tu andas metido en "algo"!, dijo el mientras prende un cigarro, acuérdate que te conozco desde que teníamos trece años. Luego cambian de platica y le pregunta, qué a que se debe el que haya venido al barrio, después de tanto tiempo – Después de tomarse varias cervezas y hablar por un buen rato, Javier le dice que se iba a quedar por dos días – ¡qué buena "onda", aquí te puedes quedar el tiempo que quieras!, dijo el bien contento. Javier le agradece, el que le haya brindado su casa y lo abraza otra vez. Luego le pregunta por sus viejos amigos –¡por ahí andan los "jotos"!, dejame llamarle a toda la bola de deportados para decirles que aquí andas –¡ya estas!, diles que los invito a ponernos hasta las "greñas" ahora y mañana. Más tarde, empezaron a llegar y lo primero que hacen es "chulearle" la motocicleta. De pronto, Silvestre explota de la risa, cuando le preguntan qué cuantos kilos le costó –¿tú también?, dijo Javier haciéndose el ofendido, ¡que kilos ni que "madres"! –ok pues, entonces si no fueron drogas, fueron "pollos", ¿o me equivoco? –¡vete a la "chingada", para eso trabajo! Sus amigos se carcajean y le dicen que no les quiera "contar las muelas". Al darse cuenta que es inútil hacerlos entender, se da por vencido. Tiempo después, estaban oyendo música y disfrutando de una carne asada, cuando llega la policía a ponerle fin al "party", ya que los vecinos se quejaron del alboroto que tenían. Ellos al ver que no les quedaba otra, se empezaron a retirar y cuando se queda solo con Silvestre, quien se estaba deteniendo de la pared para no irse al suelo, Javier le pregunta que donde va a dormir. Él le hace señas para que lo siga y empieza a caminar hacia el interior de la casa. Más tarde Silvestre le pide disculpas, porque el cuarto donde van a dormir no tiene luz y a tientas le enseña la cama. Al día siguiente, oye que alguien está tocando la puerta y le grita a Silvestre que se levante a ver quién es. Pero al oír sus ronquidos, se da cuenta que no se va a levantar y echando "madres" fue a abrir. Al ver que era un niño, de escasos diez años vendiendo periódicos, pensó en agarrarlo del pescuezo y ahorcarlo. El pequeño sonriendo nerviosamente, estira el brazo y le enseña uno, diciéndole que hubo tres muertos la noche anterior –¡mira "cabron", si no te vas en este instante, los muertos van a ser cuatro!, ¿me entiendes? le dijo Javier, haciendo que el pobre chavito saliera corriendo. Segundos después, se fue tras de él arrepentido de haberle dicho eso, ya que se dio cuenta que el "morrito", solo estaba tratando de ganarse unos pesos. Cuando lo alcanzo, le compro todos los periódicos y todavía le dio un dinero extra y sonríe, al ver que se retira bien contento. Más tarde, pone el bulto de periódicos en una silla y camina hacia la cama, para seguir durmiendo. Al hacer la cobija a un lado, casi se va de espaldas, al ver que el colchón estaba cubierto con tachuelas. Después que se recupera del susto, fue a despertar a su amigo pedirle una explique eso. Él se levanta todo aturdido y le pregunta la razón de tanto escándalo. Javier le señala la cama donde dormido y Silvestre se revuelca de risa. Luego le explica que el día anterior, al estar en su taller reparando unos zapatos, le faltaron unos clavos y se acordó que tenía un bote lleno debajo de esa cama y fue y lo vació en ella, para escoger los que necesitaba. En eso estaba, cuando escuche el escándalo que estabas haciendo con tu moto y cuando salí y ver que eras tú, se me olvido por completo lo que estaba haciendo. Momentos más tarde, estaba mirándose la espalda en un espejo, preocupado porque la tenía toda picoteada – !chin, se me va "arrancar" con mi "ruca"! ya que de seguro, va a creer que estuve con otra "vieja". Luego le pregunta, que si no algo para ponerse. Silvestre limpiándose las lágrimas de los ojos, le dice que le duele el estómago de tanto reírse – ¡ahorita regreso!, dijo él y al rato llego con una crema en la mano. Al estar untándosela, le dice que le sorprende que no haya sentido nada –¡no manches!, que "chingados" iba a sentir si me acosté bien "ahogado", ¿pero sabes una cosa? créelo o no, dormí como bebito recién nacido – es que a la mejor eres descendiente de un faquir, dijo Silvestre y suelta otra carcajada – ¿que "chingados" es eso? le pregunto Javier. El le explica que son Arabes, que en vez de dormir en una cama común y corriente, lo hacen en una que tiene puros clavos – ¡a mí no me andes comparando con esos weyes! dijo Javier furioso. De pronto, Silvestre tuvo que correr al baño, porque se estaba orinando de tanto reírse. En la tarde, cuando sus amigos empezaron a llegar para seguir la fiesta y todos empezaron a llamarlo faquir, se dio cuenta que Silvestre ya les había platicado lo que le pasó. Empezaba a oscurecer, cuando Javier y sus amigos estaban bien contentos, acordándose de las travesuras que hicieron cuando estaban "morros" –¿te acuerdas cuando estábamos en la secundaria y "madreaste? aquel "cabrón" que se creía mucho? A Javier se le dibuja una sonrisa en el rostro y deja su mente volar al pasado – como no me voy acordar, si empezamos a tirar "chingazos" a una cuadra de aquí y acabamos en esta esquina. También hablaron de las novias que tuvieron y de los amigos que ya no se supo nada de ellos. Era casi la media noche, cuando les dice que ya es hora de acostarse, porque tenía que madrugar al otro día, para regresarse a "su país" – ¡"uy sí, mi país"! dicen ellos al escuchar eso – ¡no aguantan nada "cabrones"! dijo Javier riéndose. Poco después, se despiden de él con fuerte abrazo y le dicen, que esperan verlo más seguido. Al quedarse solo con Silvestre, se puso a ayudarlo a levantar los botes de cerveza, que había tirados por todos lados. Cuando termina de llenar una bolsa, fue a ponerlos en el bote de basura. Al ver lo que iba hacer, Silvestre le grita que no haga eso, porque él los junta para venderlos. Él sintió pena, al acordarse de cuándo años atrás, ganaba un "dineral" y ahora juntaba botes. En ese momento, se acordó que el coyote cojo le ofreció dinero, si lo convencía que lo ayudara a brincar "pollos" a Calexico. Javier estaba seguro que iba aceptar, pero pensó que si caía a la cárcel, se iba a sentir culpable y mejor se quedó callado. Poco después, entran al cuarto y antes de acostarse, le pasa la mano por encima al colchón, para asegurarse que no tuviera nada. Al día siguiente, al estarse despidiendo, Javier le pone dos billetes de cien dólares en la bolsa de la camisa, Silvestre asombrado saca el dinero y le pregunta que porque hace eso – es para que le pongas luz al cuarto, porque para la otra vez que venga, no quiero andar chocando con cosas cuando vaya al baño. Un par de horas más tarde, al llegar a su casa, Kathy le dice molesta que lo esperaba más temprano, él se disculpa y le explica que se le olvido, que había una línea por donde cruzan las motocicletas y que cuando se acordó, ya estaba haciendo "cola" en donde pasan los carros. Ella mirándolo sin saber si creerle o no, le dice que se apure a arreglarse, porque tienen mucha hambre. Al estar desvistiéndose para darse un baño, se pone toda histérica al verle la espalda y gritos, le pide que le diga porque la trae toda arañada. El le cuenta lo que paso y al terminar, se le queda viendo para ver su reacción. Ella no del todo convencida, se le acerca y después de cerciorarse que no son rasguños, sacude la cabeza y le dice que solo a él, le pasaban esas cosas. Al quedarse solo en la habitación, le da gracias a Dios, de que le haya creído. Al otro día, al ir manejando de regreso a El Centro, se puso a contar el dinero que le pago el primo, por la gente que había cruzado… 3,100, 3, 200, luego le marca al primo, mientras seguía contando –¡que "onda" primo!, ¿cuantos "pollos" me va a tener mañana? Pasaron varios segundos y al no recibir respuesta, le pregunta otra vez, sin quitar la vista del camino. Javier casi se desmaya, cuando oye la voz de Kathy –¿de qué hablas?, ¿cuáles "pollos"? El mira su radio y no puede creer, la estupidez que acaba de cometer, ya que en vez de presionar el botón que guarda el número del primo, presiono el de ella. De lo asustado que estaba, casi causa un accidente cuando frena de repente para hacerse a un lado. A él le valió "madre", que los automovilistas que venían atrás de él, le pitaran y le dijeran maldiciones, por habérseles atravesado. Minutos después, estaba tratando de calmarla, pero ella a gritos le pide que le explique lo que anda haciendo – ¿así que andas cruzando ilegales otra vez? – ¡cómo crees mujer!, ¡solo quise jugarte una broma! – ¡broma mis nalgas!, dijo ella furiosa y le cuelga. Javier volvió a marcarle, pero al ver que ya no contesta, se dio por vencido. De pronto, su cara se ilumina al oír su radio sonar, pero al ver que era el primo, se enoja y le dice que le va a hablar más tarde. Cuando llego a casa, le dijo al taxista que lo espere, ya que presiente que Kathy "no lo quiere ver ni en pintura". Javier estaba en lo cierto, porque cuando le dijo que tenían que hablar, ella le grito que se fuera al diablo. Al ver lo furiosa que estaba, se da cuenta que era inútil insistir y se fue a hospedar a un motel. Al día siguiente, se levanta todo preocupado y después de pensar en lo que va hacer, fue abrir las cortinas para que entrara el sol. De pronto, casi se va de espaldas, al ver que el "parking" estaba lleno de carros de la Border Patrol – ¡en la madre, me tienen rodeado!, dijo asustado y se tiro "pecho a tierra". Ahí permaneció por un buen tiempo, esperando que en cualquier instante, los "migras" patearan la puerta y se lo llevaran. Después de ver que no pasaba nada, se asoma lentamente y se calma, al ver que las patrullas ya se habían ido. Más tarde, va a entregar la llave del cuarto y mientras se prepara un café, le pregunta a la recepcionista que si hubo un operativo – ¡para nada!, lo que pasa es que vinieron a una reunión, agentes de Arizona y de San Diego, a una reunión aquí en El Centro – oooh, dice el poniendo cara de inocente. Cuando salio de ahí, se preguntó enojado, porque "chingados" habiendo tantos moteles, se tuvieron que quedar en el que él estaba. Más tarde, cuando lo estaban descargando, salió del troque y fue a caminar, para quitarse el estrés que traía. Apenas había dado unos pasos, cuando ve un penny tirado y se le quedo viendo, pensando si lo levanta o no. Luego, lleno de coraje le dio una patada y este rodo hasta caer debajo de un carro. Poco después, le marca al despachador para decirle que necesita unos días libres, porque tenía problemas personales. Al día siguiente, después de pasar la noche en otro motel, se dirigió a su casa y al llegar, casi le da un ataque al ver una patrulla de la Border Patrol, enfrente de su casa. Asustado le grito al señor del taxi que le diera para Mexicali y el al oír eso, acelera y sale de ahí velozmente. Pero minutos más tarde, piensa que no es justo dejarle toda la "bronca" a su esposa y le ordena al chofer que se devuelva. Al abrir la puerta, se lleva la sorpresa de su vida, al ver que, en lugar de que la estuvieran interrogando, estaba bien contenta platicando con su hermano Iván, mientras Danny lo enfada, preguntándole que si su pistola era de verdad. Después de decirle al niño que deje a su tío en paz, va y le da un fuerte abrazo, fingiendo estar feliz por su visita – ¿a qué se debe el milagro?, le pregunto Javier. Él le dice que tuvieron una junta, para tratar de parar a los "polleros", ya que andan a "todo lo que dan", en el valle imperial – por eso nos reunimos aquí, para ver qué podemos hacer al respecto. Javier no pudo evitar toser, pero al mirar que Kathy no le quita la vista de encima, reacciona y dice que ojalá los agarren y les den un castigo ejemplar. Después de comer, Iván se despide, prometiéndoles que pronto les dará otra vuelta – ¡cuando quieras!, ya sabes que aquí está tu casa, dijo Kathy bien sonriente y sin dejar de mirar a Javier. De pronto, el niño se cuelga de su pistola, haciendo que ella le de unas nalgadas, para ponerlo en paz – ¡igual de tremendo que el padre! – dijo

Iván riéndose. Cuando oye eso, Kathy le dice que ni de broma vuelva a decir eso. Al quedarse solos, antes de que le diga que se vaya de la casa, le pide que piense bien lo que va hacer, ya que solo estaba jugando el día anterior. Al ver que no le hace caso y actúa como si ya no estuviera ahí, empezó a caminar hacia ella diciendo malas palabras. Kathy sin inmutarse, le enseña su celular y le dice que le baje de "guevos", o se atenga a las consecuencias. Eso lo hizo reaccionar, igual que un vampiro cuando le enseñan un crucifico y pensó que era mejor calmarse, ya que se acordó que siempre que discutían, le llamaba a la policía y el terminaba en la cárcel. Al ver que estaba perdiendo el tiempo queriéndola intimidar, le recuerda que le ya no era un simple chofer y como le estaba yendo muy bien, no tenía necesidad, de hacer nada malo –¿tú crees que si fuera "pollero", hubiera amueblado la casa, comprado la moto y tu carro en abonos?, le pregunto sin dejar de mirarla, para ver que decía –yo lo único que te voy a decir, es que dejes de hacer "eso" porque si te agarran, mi hermano va a pasar una gran vergüenza –¡tú estás mal!, dijo el interrumpiéndola, suponiendo que anduviera pasando "pollos" y me arrestaran, Iván nunca lo sabría porque el trabaja en Arizona, no en California –¿eres o te haces?, así te agarraran en China, él se iba a enterar. Javier se da por vencido y se dirige a la puerta, ya que con eso que le dijo, sabe bien que no la va hacer cambiar de opinión. Cuando iba a donde estaba su camión, le habla a

Frank para avisarle que estaba listo para salir de viaje y él le dio una carga, para levantar en Yuma. Aunque esta no iba a estar lista hasta el día siguiente, se fue para allá de una vez, ya que quería despejar su mente. Cuando llega a un truck stop, prendió el radio para distraerse y se puso a limpiar el camión por dentro. Pero luego lo apaga, al ver que cada que se acababa una canción, salía la propaganda del gobierno, diciendo "que en el senado trabajamos para ti", o que el presidente mando construir tantas escuelas y tantos hospitales. Más tarde, estaba todo aburrido y al ver que todavía era temprano, decidió ir a "dar la vuelta". Cuando el taxi para enfrente de una barra, se acuerda que al día siguiente le espera un largo viaje y eso lo pone a pensar. Pero al ver a una hermosa chica entrar a ese lugar, sale rápidamente y se va tras de ella. Cuando entra, oye a alguien decir la señora que estaba detrás de la barra, decir en voz alta: "uy ya llego el de los billetes de cien dólares". Después de mirarla por varios segundos, Javier logra reconocerla, a pesar de estar un poco acabada –¡no "chingues"! ¿a poco eres Norma, la que tenía una barra en El Centro?, ella le contesta que sí, con una sonrisa de oreja a oreja. Cuando se recupera de la sorpresa, le pregunta que estaba haciendo en Yuma y ella le explica que se vino a esa ciudad, porque vendió la cantina en El Centro –¿y a ti como te ha ido, ya te calmaste o sigues igual de loco? –¡qué te pasa, yo todo el tiempo he sido calmado!, le contesto mientras buscaba a la muchacha – ¿y ya te casaste wey?, cuando le iba a contestar, miro que la joven empieza a servir bebidas y se da cuenta que trabajaba ahí. La señora quería seguir platicando, pero al ver que no le haca caso, porque esta "lelo" mirando a la chica, lo deja en paz. Luego le advierte que ni se le ocurra pagar con un billete de cien, porque acaba de abrir y no tiene feria. A pesar que el traía billetes de veinte y de diez dólares, de adrede saco uno de cien de su cartera y se lo dio para que se cobrara –¡no tienes remedio, "cabrón"! dijo ella y se lo da a la muchacha para que le cobre. Cuando regresa con la feria, la señora se la presenta –¡hola, soy Rosa!, le dijo ella sonriéndole, luego se retira a seguir atendiendo a los clientes – ¿qué te parece? – ¡está muy bonita!, contesto el –pues ahí te la encargo, porque tengo que ir a levantar a mis nietos a la escuela. Antes de irse, le da un beso en la mejilla y le dice que espera verlo más seguido. Luego se toma su cerveza rápidamente, para pedir otra. Cuando Rosa se la trae, le invita una bebida y se sorprende cuando ella no acepta –¡wow!, es raro que alguien que trabaje en un lugar como este, no tome. Ella le explica que si se toma una cerveza de vez en cuando, pero como vive en San Luis Sonora, no le gustaría que la agarraran manejando ebria – ¿porque mejor no me invitas una soda? –¡agarrala!, dijo él. Poco más tarde, cuando ya entraron en confianza, le cuenta que estudia en las mañanas y que trabaja ahí, para ayudarse con sus gastos. Al ver que Javier no la está escuchando, le grita para que reaccione. Él se disculpa, diciéndole que lo que pasa es que no puede dejar de admirar lo guapa que esta – ¡cálmate, no es para tanto! De lo contento que estaban, no se dan cuenta que los demás clientes estaban molestos, ya que toda su atención era para Javier. Y no era para menos, porque cada vez que alguien pedía una bebida, corría a llevársela para después regresarse con él. Javier estaba feliz, ya que el conocer a esa chica, lo reanimo y le hizo olvidar la "bronca" en que se había metido. De pronto le pregunto que si era casado y como él sabía que le iba a preguntar eso, ya tenía la respuesta lista – ¡soy divorciado! le dijo y le advierte que no quiere hablar de eso, en ese instante sonó el teléfono y fue a contestarlo. Cuando regresa, nota que estaba algo triste y le pregunta el motivo – era la dueña, quería saber cuánta gente había y cuando le dije que solo estabas tú y aquellos muchachos, me dijo que cerrara. Después de un corto silencio, grita que se tomen sus cervezas porque llego la hora de irse a casa. Al ver que empieza a llevarse las botellas vacías de otras mesas, Javier le dice que tiene que ir al baño. Al salir, mira un penny en el suelo y cuando lo levanta, oye que alguien le grita que eso que se hayo era de él. Javier voltea molesto, hacia donde estaban dos muchachos y les dice que se vayan a la "chingada". Ellos se miran el uno al otro sin saber que hacer, ya que no esperaban que les contestara de esa forma. Después se levantan y caminan hacia él, ignorando a Rosa, quien les grita que si no se calmaban, iba a llamar a la policía. Cuando estaban frente a frente, empezaron a discutir para ver cuál de los dos, iba a ser el que lo va a "madrear" – ¡déjamelo a mí!, dijo uno que traía lentes, ¡ni madre, este wey es mío!, dijo el otro. La seguridad que tenían, de que le iban a poner una golpiza, preocupa a Javier, ya que cree que a la mejor son karatecas. Pero luego "le vale madre" y espera impaciente, a ver quién se le viene primero. De pronto, al ver que el de los lentes hace al otro a un lado y se le viene encima, lo recibe con un tremendo golpe, haciendo que sus lentes vuelen por los aires. El joven sacude la cabeza, para recuperarse del "madrazo" y luego se fue tambaleando, a buscarlos entre las mesas. Eso causo que Javier se distrajera y no se dio cuenta, cuando el otro lo ataca por la espalda y poniéndole un "candado" lo jala hacia atrás, cayendo los dos de espaldas al suelo. Luego empezó a golpearlo a placer, con la mano que tenía libre. Su amigo, después de encontrar sus lentes, corrió y empezó a darle patadas en la cabeza y el cuerpo. Al sentir que le los golpes le "llovían" por todos lados, pensó que si no lo mataban, de seguro iba acabar en el hospital. Para su buena suerte, Rosa apareció con un bat de béisbol en la mano y le da con él en las costillas, al que lo estaba pateando. Luego se lanza sobre el otro y le empieza a dar en las manos y los pies, haciendo que grite de dolor y suelte a Javier, para después salir corriendo detrás de su amigo. A pesar que a duras penas logra ponerse de pie y estar sangrando profusamente por la nariz y un ojo se le estaba cerrando, Javier se fue tras de ellos como perro rabioso. Al llegar a la parte trasera del lugar, alcanzo a ver cuándo se estaban subiendo al carro y les grita que donde los encuentre les va a dar "en su madre". Ellos se sorprenden al ver que salió a buscarlos y después de mirarse a los ojos, deciden terminar lo que empezaron. En ese instante, Javier se dio cuenta del estúpido error que había hecho y resignado se preparó para otra golpiza. De pronto vio que pusieron una cara, como si se les hubiera aparecido el diablo y se volvieron a subir al carro rápidamente, para salir "destapados", llevándose un bote de basura y dar tremendo "banquetazo". De pronto oye pasos detrás de él y cuando voltea y ve a Rosa con el bat en sus manos, se dio cuenta que ella era el motivo, de que se alejaran de esa manera. Momentos después, Rosa cierra con llave la puerta de enfrente y la de atrás y al estar curándolo, le pregunta que cual fue el motivo de la pelea. Javier calmadamente saca la moneda de su bolsa y se la enseña, ella se lleva la mano a la boca al ver el penny – ¿por "eso" te peleaste?, le pregunto ella incrédula y el sonriendo le dice que sí. Luego, al ver que se puso a limpiar el piso, ya que quedo salpicado de sangre, le pide que le hable a un taxi – ¡que taxi ni que nada!, dice molesta – ¡déjame terminar de limpiar aquí y te llevare a donde quieras! Él le da las gracias y le pregunta que si mientras la espera, puede poner música y le dice que no, porque la gente va a creer que el lugar sigue abierto y van a querer que los deje entrar. Momentos después,

Rosa le ayuda a subir a su carro, ya que apenas podía sostenerse en pie. Él no sabe si anda así por todo lo que tomo, o por la "madriza" que le pusieron. En el camino al truck stop, Rosa le comenta que se la paso muy bien y que la hizo reír mucho – ¿o sea que fui tu payaso?, dijo Javier haciéndose el enojado – ¡JA JA JA, no te aguantas "pinche" Javier! Cuando llegaron, le pregunta que si se va a quedar en el camión – ¡claro, no voy a agarrar un cuarto en estas fachas! – tienes razón, dijo ella apenada y luego le pregunta que si ese es el troque del que le había hablado, él le dice que sí y la invita a subir, para que lo mire por dentro. Ella acepta, diciéndole que nunca se había subido a uno y al estar subiendo, Javier se muerde los labios, al mirar su bien formado cuerpo. Momentos después, Rosa queda asombrada de lo amplio que estaba por dentro – ¡que suave, tiene refrigerador y "micro" y hasta se puede bailar aquí adentro! Luego va y se sienta en la cama, diciéndole que le duelen los pies de tanto estar parada. Cuando cruza sus piernas, Javier alcanzo a verle sus pantys y creyendo que lo hizo para provocarlo, se lanzó sobre de ella – ¡pantys rojas, mi color favorito!, ¡ahora ni el "chapulín colorado" te podrá salvar!, grito el todo excitado. Después de varios minutos de forcejear, Rosa le advierte que si no la dejaba en paz, lo iba a acusar de violación. Al escuchar eso, sintió que le aventaron un balde de agua fría en la espalda y la soltó – ¡que delicada!, dijo el al oír que subió a su carro y se alejó a toda velocidad. Minutos más tarde, empezó a sonar su radio y antes de contestar, se fija muy bien quien le está hablando – ¡"que show"! dice al ver que era el primo. Él le dice que ya tiene once "pollos" y que tiene que "moverlos" esa misma noche – ¡no "manche"! dijo Javier enojado y le cuelga sin dejar que diga nada mas – "uy sí, hay que moverlos esta misma noche", ¡"ni que fueran enchiladas"! Cuando se quitó los pantalones para acostarse, oye que cayó algo al suelo. Al darse cuenta que es el penny que causo que este todo golpeado, lo levanta y se le queda viendo por varios segundos – de haber sabido lo que me esperaba cuando te recogí, te dejo tirado, dice sonriendo y luego lo guarda. Días después, regreso en busca de Rosa para pedirle disculpas. Ella al verlo entrar, le volteo la cara y se fue hasta el otro lado de la barra, para ponerse a lavar los vasos. En cambio, la dueña lo recibe bien sonriente y le habla a Rosa, para que le sirva. Ella se acerca y mirándolo con odio, le dice que la despida si quiere, pero ella no lo va atender y luego se regresa a donde estaba. La señora sacude la cabeza, sin entender porque dijo eso y después de servirle, le pregunta que fue lo que le hizo. El coge su cerveza y se va tras de ella, dejándola hablando sola. Después de tratar en vano de sacarle platica, se da cuenta que estaba perdiendo el tiempo, sale de ahí sin decir nada. Momentos más tarde, Rosa se queda con la boca abierta, al verlo entrar con un hermoso arreglo floral en sus manos y el mariachi atrás de él. Poco después,, estaban platicando y bromeando como si no hubiera pasado nada.

Los días pasaron y ellos se hicieron buenos amigos, al grado que Rosa llego a contarle lo que pensaba hacer en el futuro – ¡a mí me gustaría irme a vivir a Los Angeles!, le dijo con tristeza – ¿y cuál es el problema?, ella suelta un suspiro y le confiesa que no tiene documentos. Después de un corto silencio, Javier le toma la mano y le pregunta, que cuando se quiere ir – ¿estás jugando verdad?, dijo sorprendida – ¿cuándo te quieres ir?, le volvió a preguntar, mirándola fijamente a los ojos. Momentos más tarde, se ponen de acuerdo, quedando en que Javier iba a ir por ella a San Luis Sonora el Domingo. Días después, tal como se lo prometiera, Javier cruzo la frontera y cuando llego a donde quedaron de verse, fue y se sentó a su lado. Al ver lo nerviosa que se encontraba, le dijo que se calmara y que en unas horas más, iba a estar en Los Ángeles. Momentos antes de pasar, Rosa le pide que cargue su maleta, porque ella solo tiene la visa para pasar y no quiere que le hagan tantas preguntas y el acepta, sin darle mayor importancia. Al llegar con el emigrante, este le pide que la pase por la máquina de rayos X, algo que de antemano sabía que tenía que hacer. A Javier le llama la atención, la forma que el oficial se le quede viendo a la pantalla y luego a él. Cuando le dice que todo está bien, le molesta ver que le hace "ojitos" y sonriendo coquetamente le dice adiós – ¡este wey es "maricon"! pensó él y después de agarrar la maleta, se retira de ahí rápidamente. Cuando van en camino, no sabía si irse por la ciudad de Indio o darle por la carretera 95 al norte. Pero al acordarse que si se iba por Indio, tendría que pasar dos retenes, decidió seguirle por la 95. En el camino, se puso a platicar con ella para que se relajara y cuando se dio cuenta que ya estaba llegando al retén, le dijo que se escondiera. Javier no podía creer en tanta belleza, al ver que estaba cerrado y lleno de gusto, le grita a Rosa para decirle que ya podía salir. Ella asoma la cara lentamente y después de asomarse por la ventana. Poco después iban platicando bien contentos, cuando de pronto, Javier mira en la distancia conos anaranjados y un letrero que se prendía y apagaba. El siguió manejando "como si nada", creyendo que estaban reparando la carretera. Pero al acordarse que era Domingo y los del condado no trabajan los fines de semana, le grita que se vuelva a esconder. Al llegar a donde según el estaban "reparando" la carretera, se dio cuenta que en realidad era una trampa, ya que habían cerrado el retén a propósito y se pusieron ahí para sorprender a todos. Javier no pudo evitar ponerse nervioso, al ver que el lugar estaba lleno de carros y troques, siendo esculcados por emigrantes. Luego casi se desmaya del susto, al encontrarse con su cuñado Iván, quien también se sorprende de verlo ahí. Después de saludarlo de mano, le pregunta que andaba haciendo en Arizona –¡vine a dejar una traila vacía en Yuma y voy a Los Angeles por otra. Luego le pregunta riéndose, que si no trae "pollos" en su camión y el haciéndose el ofendido, lo invita a subirse para que lo revise –¡JA JA JA, estoy bromeando hombre!, ¿cómo está mi hermana y el niño? –¡muy bien, a ver cuándo te das otra vuelta! Iván le contesta que "un día de estos, les va a dar una sorpresa" y luego le pide que se retire porque están llegando más carros. Un par de horas después, al ir pasando por la ciudad de indio, paran en un restaurante mexicano y después que ella ordena lo que iba a comer, el mesero voltea a ver a Javier – ¡dejame adivinar!, para ti un caldo de res, con dos tortillas extras y de tomar una soda de naranja – ¿o me equivoco? Cuando él le hace la seña, con el dedo gordo hacia arriba, se retira dejándolos solos – algo me dice que esta no es la primera vez que vienes a este lugar – ¡así es!, aquí llego a comer al menos dos veces por semana y siempre pido lo mismo. Cuando estaban comiendo, le hace saber que la va a dejar en la estación de autobuses en Riverside, ya que, de ahí en adelante no había ningún peligro. Antes de dejarla donde dijo, se sale del freeway y para enfrente de un motel, luego voltea a verla para ver cómo reacciona. Al ver que solo agacha la cabeza sin decir nada, le pregunta que si agarra un cuarto – ¿me vas a cobrar el favor que me hiciste?, después de unos segundos de silencio, Rosa le dijo que estaba bien. Cuando escucho eso, salio del troque corriendo, ya que temía que se fuera a arrepentir. Ya en el cuarto, antes de meterse a bañar, ella vacío su maleta en la cama, para buscar un cambio de ropa. Al ver eso, Javier se queda con la boca abierta, al ver brasieres, tacones, pantys y tangas –¡no "chingues"!, con razón el "pinche" emigrante me miraba de esa manera, a deber pensado que era travesty, al ver todo eso en la máquina de los rayos X. Un par de horas más tarde, cuando se estaban despidiendo, Rosa le pide que no deje de llamarle. El le dijo que estaba bien, aun sabiendo que eso no iba a suceder, ya que ella solo fue algo que tenía que tener. Días después, llega a su casa con la intención de ver a su hijo y al ver otra patrulla de la "migra" enfrente de su casa, no puede evitar ponerse nervioso, pero al pensar que es Iván se calma. Cuando entro, su hijo se fue corriendo sobre de él y al estar saludando a su cuñado, Kathy le da la noticia, que lo cambiaron al sector del valle imperial y quería saber si se puede quedar con ellos, mientras compra casa – yo le dije que por nosotros, no hay ningún problema y que se puede quedar todo el tiempo que quiera ¿verdad? –¡claro que sí, esta es tu casa Iván! dijo Javier, quien sonríe forzosamente, al ver que no le queda otra, les dice que está completamente de acuerdo. Después de platicar por un buen rato, Iván se despide y cuando se quedan solos, Kathy le da una sorpresa que no esperaba, cuando le dice que se puede regresar a casa, ya que no quería que su hermano, se entere de los problemas que tienen. Días más tarde, cuando Iván ya estaba quedándose con ellos, Javier se vio forzado a "portarse bien" y dedicarse a su trabajo y a su familia. Cierto día, ella le pregunta que si la acompaña al "mandado" y él le dice que no, porque tenía cosas que hacer en la casa. Momentos más tarde, después de asegurarse de estar solo, corre al "garage" para contar el dinero. Después de sacarlo de donde lo tenía, lo puso en una caja de cartón y se fue a una habitación de arriba. Más tarde, empezó a hacer "pacas" de mil dólares con billetes de cien. Estaba a cuente y cuente, cuando de pronto salio un billete de veinte dólares –¿y esta "madre" que?, ¡me va a contaminar los de cien!, dijo enojado y después de hacerlo "bolita" con su mano, lo arrojo al piso y empezó a contar de nuevo. Cuando apenas iba a la mitad, oye las pisadas de alguien que venía subiendo los escalones. El asustado avienta el dinero en la caja y después de ponerla en el suelo, la empuja debajo del escritorio con su pie, en el preciso momento que Kathy abrió la puerta – ¿qué haces aquí?, le pregunto ella – ando buscando unos documentos que necesito. Ella le dice que se regresó porque se le olvidaron unos cupones, de pronto le brillan los ojos al ver el billete de veinte dólares tirado y se lanzó sobre de el – ¡es mío!, grito Javier – ¡era tuyo!, dijo ella y salio corriendo a risa y risa. Después de asegurarse que se haya ido, se puso a contar el dinero otra vez y cuando termina, se queda pensando en cómo le hacen los narcos para esconder tantos millones, cuando el sufría con lo que tenía. Más tarde, le extraña recibir una llamada de Frank –espero que tengas una buena excusa, para llamarme en mis días libres, le dijo molesto. Pero cuando le dijo que andaba en El Centro, se quedó sorprendido, ya que él vive cerca de Los Angeles. Luego le pregunta extrañado, que andaba haciendo en El Centro y le contesto que no podía explicarle por teléfono – ¡necesito que vengas!, le dijo desesperado. Después de decirle que estaba afuera de la cárcel del condado, Javier se rasca la cabeza y le dice que hay va para allá. Al salir de la casa, vio a su vecino cortando el zacate y al acordarse que era mecánico, le grito que se trajera su caja de herramienta, ya que a la mejor Frank tenía problemas con su carro. Cuando iban saliendo llego Iván, quien acababa de salir del trabajo y le pregunta que a donde iba y que si podía ir – ¡vente!, le grito Javier y el rápidamente subió y se sentó atrás. Cuando llegaron a donde estaba Frank, fue y paro a su lado y le pregunto que si tiene problemas con su coche, porque aquí traigo a un mecánico bien "chingon". Al decir eso, le pide a su vecino que baje –¡ojalá y ese fuera el problema! dijo el, pero mi carro no tiene nada, lo que pasa es que vine a pagar la fianza de mi primo, porque lo quieren deportar y me dijeron que no pueden hacer nada, hasta el lunes y yo no puedo venir ese día – ¡oh, entonces lo que tú necesitas es un emigrante!, dijo Javier y le hace señas a Iván, para que se baje. Cuando sale del carro, a Frank casi se le salen los ojos y se le queda viendo de arriba abajo por varios segundos, sin poder creer que enfrente de él, tiene a un oficial de emigración. Minutos después, siente un gusto enorme al ver salir de la cárcel a su cuñado, seguido por Frank y su primo –¡muchas gracias Javier ¡estoy en deuda contigo!, le grito Frank y después de darse un fuerte abrazo se despiden. Al día siguiente, Iván se llevó al niño a Yuma y Javier le pregunta a Kathy, que si quiere ir con él a lavar el troque – ¡vamos!, dijo ella y se dirigen al truck stop. Cuando llegaron a donde estaba su camión, caballerosamente le abre la puerta del lado del pasajero y momentos después, estaban limpiando el camión. De pronto, Javier se queda con la boca abierta, al ver que Kathy se hayo un cepillo para el pelo. Ella, después de examinarlo cuidadosamente y darse cuenta que tiene unos largos cabellos negros, le da tremenda cachetada. Javier se quedó sin habla, viendo como sube al carro y se retira furiosa – ¡no puede ser!, dijo el, sobándose la mejilla, ¡apenas que la estaba contentando! Luego pensó ir a su casa para hablar con ella, pero recapacita y decide que es mejor, mantenerse alejado por unos días, para ver qué pasaba – ¡todo por este "pinche" cepillo!, dijo enojado y lo arroja por la ventana. Momentos más tarde, se estaba lamentando por no haber revisado el camión, cuando dejo a Rosa en la estación de autobuses. Pasaron los días y al darse cuenta que Kathy no le contestaba, empezó a tomar a diario. Un día que se encontraba en una barra, vio entrar a una persona, que siempre que lo miraba le pedía dinero. Por más que trato de esconderse, cuando menos pensó, ya estaba sentado a su lado –¡que sorpresa, tanto tiempo sin verte!, le dijo gritándole, ya que la rockola estaba atrás de ellos y le estira la mano para saludarlo. Javier, haciendo como que le dio gusto volver a verlo, responde al saludo. Después el sujeto le empezó a platicar de lo mal que le estaba yendo y cuando termino le hizo la pregunta que ya esperaba – ¿no tienes 40 dólares que me prestes? Enfadado, le dice que el también andaba "quebrado", pero le iba a preguntar a su amigo que estaba a un lado de él, a ver que decía – ¡me parece bien!, dijo el joven todo excitado. Javier le dio la espalda para hablar con la persona que estaba enseguida, pero en realidad solo le dijo que deberían bajarle a la música, porque estaba muy alta – ¡es cierto!, contesto él molesto y agarrando su cerveza, fue y se sentó en otro lugar. Luego volteo con el que le pidió prestado y se le quedo viendo sin decir nada. Mirándolo con ansia, su "amigo" le pregunto qué le había dicho –pues mira, la pura "neta" le pregunte que si traía 40 dólares para prestártelos y me dijo que te fueras mucho a la "chingada" – ¡ok, ok!, dijo él y sin decir nada más se retiró. Al otro día, después de tratar de hablar con su esposa y darse cuenta que no lo quiere ver ni en pintura, de puro coraje le habla al primo, para decirle que estaba listo para volver a "mover" gente – ¡qué bueno primo!, yo también estaba pensando en llamarle, porque se me estaba juntando el "jale". Un par de días más tarde, estaba "trabajando" y al estar subiendo la gente, les grita que se persignen con la mano izquierda, como lo hacía todo el tiempo. Cuando paso la inspección, le marco para que le dijera la contraseña y se ríe cuando le dice "pio pio". Al siguiente día, después de descargar en Calexico, Frank le dijo que se fuera a su casa, porque no tenían carga para él – ¡chin, me va a salir corto el cheque!, dijo Javier haciéndose el preocupado, ya que aunque no le dieran carga, él iba a llevarse unos cuantos "pollos". Después de colgarle, lo primero que hizo fue marcarle al primo, para decirle que le trajera todos los que tuviera. Pero cuando le dice que no iba a tener nada hasta en la noche, dijo que "ni modo" y después de quedar en hablarse, se fue al truck stop. Poco después, le llama a Kathy y al darse cuenta que no estaba, fue apurado a su casa a esconder el dinero que le habían pagado el día anterior. Esa noche, cuando se encontraba "checando" las llantas, apareció el primo de repente y paro al otro lado de la traila. Javier alcanzo a verles los pies a todos los que se están bajando y corrió preocupado, a desconectar el cable eléctrico, para evitar que los viera alguien más, ya que había varios troques estacionados cerca de donde estaba. Después de pasar el retén, Javier para en la AM –PM, en Salton City y le habla al primo para que venga por las personas. El le dice asustado, que se los arrime más, ya que la policía y la "migra" patrullan mucho ese lugar. Por más que le pidió que le diera hasta Coachella, Javier se negó y le dijo que ya se viniera por la gente – ¡ok, hay voy para allá!, contesto el algo nervioso. Momentos después, estaba orinando entre la cabina y la traila, cuando se da cuenta que nunca reconecto el cable que proveía corriente a la traila, lo que significaba que había recorrido 57 millas sin luces, en la noche – ¡"no manches"! grito él y con manos temblorosas lo conecto, en el preciso momento que vio pasar a una patrulla del Higway Patrol, que iba rumbo a donde el primo quería que fuera. Cuando iba de regreso, pensó que ya estaba abusando de su buena suerte y que debería de tratar de reconciliarse con su esposa. Pero al acordarse que no le contestaba y cuando iba a ver a su hijo lo ignoraba, decidió seguir hasta que lo agarraran. Javier empezó a tomar con más frecuencia y en más de una ocasión, salio de la cantina para subirse a su troque con varias cervezas encima. Un día, cuando llego a donde lo estaban esperando, le dio el último trago al bote que traía y lo aventó por la ventana. Al ver eso, el primo le pregunto preocupado, que si no tenía miedo que los emigrantes se dieran cuenta que andaba borracho –¡jajaja, la única manera que eso pudiera pasar, era que se me acercara a darme un beso! El tiempo paso y, cuando Kathy por fin se dignó a contestarle, Javier ya estaba borracho y ella lo noto – ¡Javier Torres, estas manejando tomado!, le dijo histérica y le colgó. En vez de darle vergüenza, se ríe y saca otra cerveza de la caja que traía, a un lado de su asiento y se la toma rápidamente. De pronto, mira con horror, que una patrulla que iba en el lado opuesto de la carretera, da vuelta en U y se viene tras de el, con los códigos prendidos – ¡"ya me cargo la chingada"! pensó él y su primera reacción, fue agarrar la caja de cervezas y aventarla para atrás. Momentos más tarde, su corazón se le quiere salir del pecho al ver llegar dos patrullas más y luego escucha en su radio CB, a otros troqueros que iban pasando, preguntarse alarmados que sería lo que había hecho. Javier sabía que el que lo hubieran parado, significaba que iba a ir a la cárcel y se prepara a enfrentar las consecuencias. Momentos más tarde, mira asombrado que las patrullas que llegaron al último, se retiran y después de "checar" sus espejos, para asegurarse que nadie lo esté viendo, quiso ir a esconder la cerveza en algún lugar. Pero al prender la luz y ver los botes regados en el piso y la cama, mueve la cabeza de un lado a otro y se resigna. Los minutos seguían pasando y Javier no entendía, porque se estaba tardando tanto el policía. Cansado de esperar y al darse cuenta que ya se le había quitado lo tomado, de lo asustado que andaba, fue a ver que estaba sucediendo. Al llegar a donde estaba el policía, le sorprende ver que estaba llenando un reporte en el cofre de un pequeño automóvil –¿te puedo ayudar? le pregunto el oficial mirándolo con curiosidad. Javier le pregunta nervioso que si no lo paro a el – ¡para nada!, al que pare fue a "ese", dijo señalándole a una persona que estaba en el asiento de atrás de la patrulla y le explica que venía manejando ebrio y con las luces apagadas – ¿entonces me puedo ir? – ¡claro, yo no sé porque paraste! Cuando oyó eso, fue y se subió al camión y después de manejar por una corta distancia, se hizo a un lado para tratar de calmarse, ya que estaba a tiemble y tiemble. Luego le hablo al primo todo agitado, para contarle lo que le acababa de pasar – ¿entonces usted nunca miro, que al que pararon fue al del carro? –¡para nada, yo lo único que vi fue la patrulla!, no "pos" esta "cabron" dijo el primo sorprendido

– el coyote cojo ya me había dicho de las cosas que le pasaban y la mera verdad yo dudaba que fueran ciertas, pero ahora no hay duda de que, a usted "alguien lo cuida desde allá arriba". En ese instante, se oye un "pop" – ¿qué fue eso?, pregunto el primo extrañado – fue una cerveza que acabo de abrir, para el susto, dijo Javier y se soltó riendo a carcajadas. – ¡no cabe duda que usted no tiene remedio, ay lo miro el lunes! – ¿cómo que el lunes, que no hay nada para mañana? – ¡mañana es sábado!, le recuerdo el primo. Javier le advierte que a la mejor pronto va a dejar de "mover" gente y que vale más aprovechar. Más tarde, cuando le faltaba como hora y media para llegar a El Centro, no podía dejar de pensar en la suerte que tuvo, de escaparse de que lo arrestaran manejando ebrio. De pronto, le preocupa ver que otro troque se le empareja y prende la luz de adentro, Javier se le queda viendo sin entender porque hace eso. Al verlo "manotear" y hacerle señas como un loco, se hace a un lado para asegurarse que todo esté bien. Después de agarrar su lámpara de mano, empieza a "checar" el "semais" y al llegar atrás casi cae de "nalgas", al ver la puerta de la traila abierta –¡no puede ser!, ¿qué "chingados" está pasando?, grito preocupado. Lleno de coraje la cierra y reanuda su viaje sin dejar de preguntarse, que como era posible que la puerta se haya abierto sola, ya que estaba seguro que la había cerrado. Asustado por todo lo que le estaba sucediendo, decide que era mejor parar a dormir, en la AM –PM que estaba cerca de donde se encontraba Cuando llego, se quedó profundamente dormido en cuanto se acostó, ya que estaba súper cansado. Pero cuando apenas habían pasado un par de horas, despertó repentinamente, al soñar que lo agarraron en el retén. En su sueño, vio cuando le ponían las esposas, mientras bajaban la gente que traía, ante el asombro de las personas que estaban cruzando en ese momento –¡esto ya es demasiado!, pensó él y al ver que era inútil tratar de dormirse otra vez, se quedó meditando. Más tarde, al ver que ya estaba amaneciendo, fue a lavarse la cara. Al salir de la tienda, le llamo la atención un carro con los vidrios exageradamente oscuros y la dio mala espina. Eso no fue todo, ya que cuando iba en camino, ese mismo carro lo rebaso en mas de una ocasión y pensó que lo venían siguiendo. Luego le preocupa que a cada rato, se encuentra con patrullas de la Border Patrol – ¿serán esas las señales, que le dijo su mamá?, se preguntó el, pero luego se rie y desecha esa idea. En ese instante, recibe una llamada del primo, para decirle que solo tenía tres "pollos" – ¡son muy pocos!, dijo Javier, hábleme cuando tenga unos cinco, para que valga la pena. Ese mismo día, despierta todo aturdido cuando estaba oscureciendo en el cuarto de un motel, que estaba cerca de su casa. La idea de ir a hablar con Kathy vino a su mente, pero su orgullo pudo más y enojado fue por una cerveza al refrigerador. Horas después, el primo le hablo nuevamente – ¡ya le tengo nueve!, ¿qué onda? – ¡váyase al Home Depot, ahí lo miro en unos minutos!, dijo

Javier, quien siente que el corazón se le empieza a acelerar. Unos minutos después, antes de dirigirse a donde le dijo, se acordó del penny y se puso a buscarlo en el "parking" del motel y le sorprende no encontrar ninguno. Él no le da importancia, ya que sabe que el hallarse uno en otro lugar, no será ningún problema. Luego para en un McDonalds cercano y al no encontrar nada ahí tampoco, se fue a una seven – eleven, donde empezó a buscarlo afuera y termino adentro de la tienda. Al ver que su búsqueda fue inútil, se empezó a desesperar y para colmo de males, el primo lo estaba a llame y llame, para decirle que la gente se estaba impacientando. Enfadado, piensa que a la mejor estaba exagerando y decide arriesgarse a pasar las personas, sin haber encontrado nada. Pero de pronto, vino a su mente el sueño que tuvo esa mañana y todo lo que le había pasado recientemente. La noche que manejo sin luces en la traila, luego cuando lo paro la policía y lo dejo ir, a pesar que iba manejando tomado. Todo eso, lo convenció de que era mejor no arriesgarse y decidió seguir con su búsqueda. Eso fue lo que lo convenció de que ya era hora de que se dejara de pendejadas y se devolviera a su casa. En ese instante, el primo le marca otra vez – ¡qué está pasando!, ¿dónde "chingados" anda?, al oír la forma que le habla, explota y piensa que ese era el momento que necesitaba para decirle que le baje de "guevos" y que se busque a alguien más, porque desde ese momento, el ya no iba a cruzar a nadie – ¿está bromeando verdad?, dijo el primo incrédulo. Cuando por fin se da cuenta, que estaba hablando en serio, se quedó mudo por varios segundos –no me haga esto, ¿qué voy hacer con ellos?, le dijo preocupado y el le sugiere que se los de a alguien más – ¡ni "madre", yo mismo los voy a cruzar!, ¿a poco cree que "nomas" usted puede? – ¡es todo!, dijo Javier sorprendido de lo que acaba de escuchar y a pesar que no le caía nada bien, le deseo toda la suerte del mundo. Luego pone el radio que usa para comunicarse con él y el coyote cojo, debajo de las llantas de su camión y le da para adelante. Cuando oyó el ruido que hizo al aplastarlo, sonríe satisfecho y se regresa al motel para darse un buen baño. Luego se le ocurre una idea y lleno de ansia, le marca a un taxi para que lo lleve a los antros cercanos . Tiempo después, llega a su casa y toca el timbre, al abrir la puerta, Kathy se llevó la mano a la boca, al verlo con un ramo de flores y acompañado de unos músicos, quienes empezaron a cantarle música romántica sin parar. Al principio, ella los ignoro y siguió planchando, pero después, les empezó a pedir canciones que le gustaban. Cuando los músicos se retiraron, le pide perdón porque no le alcanzo el dinero para traerle el mariachi y con voz temblorosa, le dice que la extraña mucho a ella y al niño y hará lo que le pida, con tal de que lo deje regresar. Kathy lo deja hablar por un buen rato y cuando termina, le pregunta si anduvo pasando ilegales, algo que niega rotundamente. Ella no del todo convencida, le dice que la única manera que puede volver, era si regresara el troque y busca un trabajo que le permita llegar diario a su casa, ya que solo así sabrá lo que anda haciendo – ¡mañana mismo lo hare!, dijo el bien contento – ¡mañana es domingo!, le recuerda Kathy – ¡no hay ningún problema!, todos los choferes traemos llave para abrir el cerco de la yarda, cuando queramos. Al día siguiente, llegan en el coche de Kathy a donde estaba su troque, con Iván al volante, ya que lo invitaron porque a ella, se le hizo muy lejos a donde iban. Kathy subió al troque, con el pretexto de ayudarlo a bajar sus cosas, pero Javier sabe bien que solo lo hace, para ver si encontraba algo. Cuando terminan se le queda viendo fijamente – "nomas" que me hubiera encontrado un cepillo, con cabellos de otra prostituta, le dice mirándolo con coraje. Más tarde, al estar haciendo línea en la inspección, se pregunta cuantas veces paso por ahí, con el troque cargado de "pollos". De pronto, le sorprende mirar un camión parecido al del primo, en donde ponen los vehículos que detienen con ilegales o con drogas. Después que le dieron el pase, volvió a voltear para cerciorarse si era o no, pero no pudo y se quedó con la duda. Minutos más tarde, paran a desayunar y cuando Kathy agarra al niño y les dice que van al baño, aprovecha para preguntarle a su cuñado, porque estaba ese troque detenido – ¡lo "chingaron" con nueve "pollos" anoche!, contesto el con indiferencia. De pronto, los dos se quedan sorprendidos, al ver por la ventana que llega una van y para bajo un árbol, del cual bajaron varias personas y se subieron corriendo a esta, para después salir de ahí velozmente. Javier voltea a ver a Iván y le pregunta que si no va a hacer nada – ¡hey, estoy en mis días libres!, le dijo enfadado y después de un largo bostezo, abre el menú para ver que va a pedir. Cuando llegaron a donde trabajaba, mira con gusto que Frank ya lo estaba esperando, tal como le dijera la noche anterior, cuando hablo con él. Después de saludar de mano a su esposa, se le quedo mirando a su cuñado y al reconocerlo, le dio un abrazo lleno de alegría. Después, Javier le da las gracias por haber venido a tomarle fotos al troque, para que viera que no tenía ningún rasguño –¡no te preocupes, vivo aquí cerca!, le dijo él y luego le pregunta que porque va a dejar el trabajo – ¡por órdenes superiores!, contesto volteando a ver a Kathy. De pronto, Frank le habla a alguien y cuando contestan, pone el celular en alta voz y le pasa su celular a Javier, quien al ver que era el dueño de la conpania, contesta rápidamente – ¿así que te nos vas a dejar?, le pregunta el señor – ¡así es "jefe" y es debido a problemas personales – ¡pues que lastima!, pero quiero que sepas que para ti, las puertas de esta compañía siempre estarán abiertas y te voy a guardar tu troque por un mes por si cambias de opinión y regresas, yo necesito choferes trabajadores y honrados como tú. Al escuchar eso, Kathy se lleva la mano a la boca y hace tremendo esfuerzo, para no soltarse riendo a carcajadas. En cambio, su cuñado lo saluda de mano y le cierra un ojo para felicitarlo. Cuando por fin termina de hablar, se despide de él y luego le da un abrazo a su despachador. El aprovecha que Iván y Kathy, ya están arriba del carro para decirle a Javier que si le puede hacer una pregunta –¡claro hombre, adelante! – ¿sabes que cuando te monitoreaba por el satélite, me llamaba mucho la atención, ver que tu camión se movía mucho de lugar, allá en donde vives y después en el área de Thermal y Coachella? Javier se quedó asombrado, ya que se dio cuenta, que se refería a cuando andaba a vuelta y vuelta, buscando donde recoger los "pollos" y después de pasarlos, otra vez hacer lo mismo para bajarlos. El siempre tenía respuesta para todo, pero esta vez no supo que decir y no pudo evitar pasar saliva. En ese momento, Kathy le grita que se apure, porque el niño se estaba poniendo necio. Cuando oye eso, Frank le brinda su mano y le dice que no se preocupe de nada y que como le dijo el jefe:" aquí tienes trabajo, cuando quieras". Javier le dice que no se olvidara de él y que de alguna manera, le hará llegar sus "encargos" –¡olvidate de eso!, con lo que hizo tu cuñado, para que no deportaran a mi primo, me doy por bien pagado. Al ir de regreso, mira una iglesia en la distancia y le dice a Kathy que le gustaría llegar, ya que tenía mucho que no iba a misa – ¡es una buena idea, yo iré contigo!, dijo ella y le piden a Iván que le de para allá. Después de encargarle al niño a Iván, bajan apurados y se dirigen a la iglesia. Al entrar y darse cuenta que está completamente llena, se agarran de la mano y se abren paso entre la gente, para llegar hasta enfrente. Cuando llegaron ante el altar, Javier se puso de rodillas y empezó a rezar en silencio, para darle gracias a su mamá y a Dios por todo lo que hicieron por él. De pronto, escucho hablar al cura y levanta la cabeza para verlo, ya que su voz se le hizo conocida. Javier se quedó estupefacto y casi se desmaya, al ver que el padre era la misma persona, que cruzo unas semanas antes y por quien casi se agarra a golpes con el primo. Después de mirarse mutuamente por varios segundos, el cura se acerca más el micrófono a la boca y sin quitarle la vista de encima a Javier, da por terminada la misa pidiéndole a todos los feligreses, que le hagan un favor y se persignen con la mano izquierda. Al principio, ellos solo se miran entre sí, sin comprender porque les dijo eso, pero después hacen lo que les pidió. Luego el padre camina lentamente, a donde estaban Kathy y el y después de darle la bendición, le dice que le da mucho gusto verlo y lo saluda de mano y le da un fuerte abrazo, para después retirarse a atender a los demás. Todo esto, ante la mirada atónita de Kathy, quien no entendía que era lo que estaba pasando. Ya afuera de la iglesia, ella le dice que se muere por llegar a casa, para escuchar la explicación que le va a dar –¡esto ya valió "madre"! dijo el, presintiendo que otra vez iban a discutir, ¿cuál explicación?, yo a ese señor nunca lo había visto en mi vida y sinceramente, creo que me confundió con alguien más, dijo le dijo sin quitarle la vista, para ver su reacción. De pronto, Kathy deja de caminar repentinamente y se le queda viendo con coraje – ¿sabes qué?, mejor dejémoslo así, porque de todas maneras, no te voy a creer absolutamente nada de lo que me digas. Al ver que empieza a caminar hacia el carro, deja escapar un suspiro de alivio y mirando hacia el cielo, nuevamente le da gracias a Dios y a su mamá.

F I N

www.ingramcontent.com/pod-product-compliance
Lightning Source LLC
Chambersburg PA
CBHW021427070526
44577CB00001B/93